베를린 다이어리

행복을 느끼는 일상의 속도
베를린 다이어리

이미화 쓰고 찍다

알비

프롤로그

모두에게 가장 잔인한 달로 기억될 2014년 4월. 나는 처음으로 '나의 죽음'에 대해 생각했다. '나도 언젠가 죽는다.'는 당연한 명제가 안경에 묻은 얼룩처럼 시야에서 사라지지 않았다. 죽음이 더는 남이야기가 아니라는 사실, 언제 어디서든 죽음에 직면할 수 있다는 사실이 자꾸 머릿속을 맴돌았다.

그해 8월, 나는 회사를 그만두고 유럽여행을 떠났다. 충동적인 선택도 아니었고 여행이 내 인생을 크게 변화시킬 거라는 기대는 더더욱 없었다. 스물여덟의 내가 가진 건 직장 생활 4년 동안 모은 돈 2천만 원이 전부였다. 통장에는 매달 정확한 날짜에 이체가 된 적금 50만 원과 규칙 없는 숫자들이 나열되어 있었다. 2천만 원이 조금 넘는 통장 잔액을 바라보고 있으니 20대의 시간이 지나가는 것 같았다. 서른은 코앞이고 결혼자금으로 모아놓은 돈이었지만, 나도 언젠가 죽는다는 말을 되뇌며 떠나야 한다면 지금이라는 생각을 했다.

예상은 했지만, 아빠의 반대가 심했다. 딸 자랑하는 낙으로 살던 아빠는 나의 대학진학 이후로 뭐하나 마음에 들어 하는 게 없었다. 결혼하고도 남을 나이에 유럽여행도 모자라 이제는 외국생활을 한다고 하니 당연한 반응이었다. 늘 그렇듯 공항에 캐리어 하나 내려놓고 가버리는 아빠의 뒷모습을 보며, 떠나는 건 나인데 마치 남겨진 사람 같은 기분이 들었다.

그렇게 나는 목에 걸린 가시처럼 '아빠'를 삼키지 못하고 비행기에 올랐다. 지난한 고민의 과정을 비웃기라도 하듯 비행기는 단 몇 분의 지체도 없이 날아올랐다.

막상 떠나온 베를린에서의 생활은 녹록지 않았다. 이래도 되나 싶을 정도로 행복하다가도 이러면 안 될것처럼 불안했다. 그나마 위로가 되었던 건 천천히 흐르는 시간 속에 나를 가만히 두는 일이었다.

차례

프롤로그 · 04
에필로그 · 246

I 봄 · 덜어내는 삶
덜어내는 삶 · 10
떠나야만 하는 이유 · 16
네 마음대로 해 · 20
여자사람 둘, 남자사람 하나 · 25
더는 당연한 것이 없다는 것 · 30
한마디 내뱉는 자신감 · 33
우리는 진짜 사랑이 아니었을까 · 38
프리랜서를 향한 무지의 기록 · 41
잊지못할 베를린의 봄 · 44
아픔의 깊이 · 48
다시, 오지 않을 날 · 50
언제쯤 베를린 날씨에
   적응할 수 있을까 · 57
일요일엔 마우어파크 · 62

II 여름 · 8월의 어느 날, 베를린 다이어리
빈병과 궁상 사이 · 74
화려하지 않지만 매력적인 · 77

베를린에서 집을 구한다는 것 · 80
아빠가 울었다 · 84
8월의 어느 날, 베를린 다이어리 · 87
벗으라면 벗겠어요 · 91
행복을 느끼는 삶의 속도 · 95
또 한 번 베를린에 빠져들었다,
   Badeschiff · 98
바람이 머무는 곳,
   Pinzessinnen Garten · 102
베를린 속 작은 태국, Thai Park · 106
서툰 스텝 · 110

III 가을 · 내가 좋은대로 살면 그만
사소하고 소소한 일상 · 118
베를린을 추억하는 방식 · 122
수식없는 삶 · 126
실패하기 위해 떠나는 사람 · 128
역시, 버티길 잘했다 · 132
내가 좋은 대로 살면 그만 · 136

안녕, WinterZeit 안녕 Dublin · 142
관계의 온도 베를린의 온도 · 148
한 번씩은 해본다는
　새벽 줄서기 · 154
실수로 무너진 장벽 · 158
영화를 내려주세요 · 162
커피 한 잔으로
　영화감독과 만남을 · 166

Ⅳ 겨울 · 여전히 나는 여행객에 불과했다
고민하고 사유하며 · 174
익숙한 이별의 포옹 · 178
나에게 서른 살의 나를 남겨주고 싶다 · 182
가끔, 울고 싶을 때가 있다 · 186
용기 또는 인내 · 190
여전히 나는 여행객에 불과했다 · 194
착한 딸이 되지 않기로 · 201
생각의 각도 · 205
뜨거운 베를린의 밤 Markthalle9 · 210

Ⅴ 그리고 · 낯설게 일상을 바라보는 일
나만의 베를리너 사전 · 216
맨손으로 병따기 · 218
일요일 아침의 브런치 · 219
최상의 조건으로 계절 즐기기 · 222
전깃불 대신 촛불 · 226
나쁘지 않네 nicht schlecht · 228
일상을 낯설게 바라보는 일 · 230
'이제 그만 돌아와'라고
　말해줄 누군가 · 236
가을을 담은 카페, The Barn · 238
지루할 틈 없는 축제의 도시, 베를린 · 240
커피 향 가득한 서점 Ocelot에서 · 244

I .
봄

덜어내는

삶

덜어내는 삶

"인생에서 중요한 것은 우연하고 사소한 것들이다."라는 키에르케고르의 말처럼 우리는 우연한 선택 때문에 인생이 좌우되는 경험을 종종 하곤 한다. 인생에 단 한 번뿐일 수도 있는 외국생활을 결정하는 데 좀 더 드라마틱한 전개를 기대할 수 있겠지만, 베를린의 한 카페에 앉아 검색창에 '독일 워킹홀리데이'라는 단어를 써내려가던 그 날의 내가 그랬다.

회사를 그만두고 떠난 유럽여행의 마지막 도시는 베를린이었다. '회색빛', '분단', '히틀러', '무뚝뚝'이라는 단어로만 채워져 있던 베를린을 찾은 건 순전히 같은 대학 후배였던 H를 보기 위해서였다. 유럽의 중심부에 위치하며 9개국의 국경을 맞대고 있는 나라의 수도였지만 여행정보가 턱없이 부족했다. 독일 여행 책자에서도 베를린은 2박 3일이면 충분한 코스 정도로만 표기되어 있었다. H가 아니었다면 '지루하다'거나 '날씨 때문에 우울하다'는 평을 무릅쓰고라도 갈만한 도시는 아니었다.

발버둥 치며 버텨왔던 지난 시간을 보상받으려고 떠난 여행이었지만, 바쁜 여행 일정으로 나는 꽤 지쳐있었다. 여행에 회의감이 들 때쯤 도착한 베를린은 마치 요람 같았다. 불규칙하면서도 잔잔한 흔들림에 스르륵 눈을 감는 아이처럼 며칠간은 침대 위에서 꼼짝도 하지 않았다. 이쯤이면 지쳐있을 나를 상상하며 베를린 일정을 한 달로 잡아두었던 나의 선견지명이 빛을 발하는 순간이었다. 그리 높지 않은 천장 아래에서 꿈벅꿈벅 지나간 시간을 정리하고 잃어버린 여유를 되찾으니 그제야 베를린의 모습이 보이기 시작했다.

아직 채 더위가 가시지 않은 8월 말의 베를린은 회색도시라는 불명예를 벗어내기 충분할 정도로 거리마다 나무와 꽃들이 자리하고 있었다. 넓게 트인 공원과 소소한 카페에서는 삶의 여유가 묻어났다. 유럽의 수많은 관광도시들처럼 화려하지는 않았지만, 일상이 매력적인 곳이라는 생각이 들었다. 어느 날 숙소에서 영화 '비포선셋(before sunset)'을 다시 보는데 이전에는 크게 관심이 가지 않던 여주인공의 대사가 귀에 꽂혔다.

"도시는 잿빛이었지만 내 마음은 맑아지더라. TV는 못 알아듣고, 살 것도, 광고도 없으니 오직 글 쓰고 사색을 할 수밖에 없었어. 소비 강박관념에서 해방되니 자유로워지더라고. 그냥 그대로가 너무 평온했어. 처음엔 지루했지만, 곧 마음이 충만해졌어."

여행마다 성격이 다르겠지만 나는 짐을 덜어내는 편을 선택했고 의식적으로라도 소비를 피했었다. 평소에도 소비욕이나 물욕이 거의 없는 나에게 베를린은 자유로움 그 자체였다. 소유하지 않는 것에서 오는 자유로움. 그렇게 나는 TV도, 광고도, 인터넷도 없는 이곳에서 덜어내는 삶을 살고 싶다는, 그럼 인생의 무게도 조금은 덜어낼 수 있지 않을까 하는 생각을 했었다.

'워킹홀리데이'에 대해 알아본 건 그로부터 일주일은 더 지나서였다. H에게 이곳에서 지내고 싶다는 속마음을 내비치니 '워킹홀리데이'라는 제도를 추천해주었다. 호주 워킹홀리데이야 워낙 유명하다지만 독일은 금시초문이었다. 혹시나 하는 마음이었지만 별 기대는 하지 않은 채 여행하는 동안 잊고 지내던 노트북의 전원을 켰다.

내 예상과는 달리 '독일 워킹홀리데이'를 검색하니 비자 발급, 보험, 어학준비 등 관련 정보가 눈앞에 펼쳐졌다. 비자를 발급받는 일도 생각보다 간단했다. 수첩에 필기해가며 노트북을 두드리던 손을 거두고 카페에 자리한 사람들을 향해 느릿하게 시선을 옮겼다. 그리고는 낯선 풍경 속에서 보낼 미래의 평범한 일상을 떠올렸다. 카메라의 초점을 맞추듯 어렴풋하던 베를린에서의 삶이 선명해지는 것 같았다.

떠나야만 하는 이유

유럽여행을 마치고 한국으로 돌아와서도 한동안은 짐을 풀지 못했다. 베를린으로 가지 말아야 할 수많은 이유가 꽉꽉 들어차 있는 것 같아서, 가방을 열면 튀어나올 문제들을 제자리에 정리하는 것이 두려워서, 방 전체를 차지하고 있는 캐리어를 이리 뛰어넘고 저리 치우며 한 달이라는 시간을 흘려보냈다.

정신을 차린 것은 엄마의 잔소리 때문이었다. 오늘 내로 정리를 안 하면 캐리어를 통째로 빨아버리겠다는 으름장에 이제는 철이 지난, 구겨진 옷들을 세탁기에 집어넣었다. 마지막으로 빈 캐리어를 장롱 위에 올려두고 나서야 책상에 앉아 연필을 꺼내 들었다.
의식을 치르듯 한가운데에 세로로 줄을 긋고 왼쪽에는 '가

야만 하는 이유', 오른쪽에는 '가지 말아야 할 이유'라고 적었다. 가지 말아야 할 이유는 많았다. 대충 써도 다섯 개는 족히 넘었다. 막힘없이 술술 써내려가는 손이 야속할 정도였다. 결혼, 아빠의 반대, 돈 낭비, 경력 단절, 곧 서른. 나열된 단어 사이로 직장도 없고 경력이 단절된, 그런데 돈도 없는 30대 백수의 모습이 보였다.

문제는 가야만 하는 이유였다. 사실 나는 별다른 생각이 없었다. 가야겠다고 생각한 이후부터는 굳이 가야만 하는 이유를 찾지 않았다. 한참을 생각하다 화살표를 죽 긋고는 '후회'라고 적었다. 여기에서 포기한다면 인생을 살면서 무수히 많은 벽에 다다를 때마다 지금의 선택을 후회하며 살아갈 것이 뻔했다.

어릴 때는 그저 치과의 '윙' 소리가 무서웠고 회초리가 하늘을 가르는 순간이 두려웠다면, 이제는 내가 한 선택으로 나타날 결과가 얼마나 무서운지 알게 되었다. 한 아이가 어른의 문으로 걸어 들어가는 시기는 어쩌면 선택에 대한 책임의 무게를 알게 되는 순간이 아닐까. 스물여덟, 베를린이라는 선택의 갈림길 앞에서 나는 내가 어른이 되었다는 것을 알았다.

선택은 감성적일 수 있으나 이후에 벌어질 일들은 현실이었다. 베를린으로 떠나는 일은 쉬웠지만, 한국에 남아있는 것들이 나의 발목을 잡았다. 나는 이곳에 없을지언정 계좌 속 잔고는 계속 남아있어야 했다. 언제 죽을지 몰라 들어두었던 보험, 2년 약정 휴대폰 요금, 그리고 10년 이상 더 내야 하는 부모님 연금까지. 일 안 하는 사람 돈은 좀 안 빠져나가면 좋겠는데, 세상에서 쉬는 사람은 나뿐인 것 같았다. 1년 후 한국으로 돌아와서도 문제였다. 베를린에서 돌아온 후 '직장도 없고 남자도 없는데 돈도 없는 30대 여성'이 되지 않으려면 모아놓은 돈에만 의지할 수는 없었다. 그렇다고 독일어 한마디도 못 하는 내가 현지에서 일자리를 구할 수 있을 리도 없었다. 생각을 바꾸어 베를린에서도 재택근

무가 가능한 잡지 기고, 야간 모니터링, 독일 시장조사, 구매대행 등 다양한 직종에 제안서를 보냈다. 다시는 발을 붙이지 않겠다던 마케팅대행사에도 프리랜서 이력서를 보냈고 한 달 생활비 정도를 꾸준히 벌 수 있는 일을 찾을 수 있었다.

하지만 여전히 책임져야 할 문제가 남아있었다. 베를린을 선택했을 때 가장 처음 해결했어야 했지만, 마지막까지 미뤄 두었던 문제, 가족을 설득하는 일이었다.

네 마음대로 해

예상대로 아빠의 반대가 심했다. 별다른 말썽 없이 자란 딸이었기에 더욱 받아들이기 힘들었을 것이다. 하긴 잘 다니던 회사를 그만두고 아무 연고도 없는 베를린으로 떠나는 것을 쉽게 받아들이는 것이 이상한 일이었다.

"너 때문에 창피해서 고개를 들고 다닐 수가 없어."
딸 자랑하는 낙으로 살던 아빠에게 천덕꾸러기가 된 건 언제부터였을까. 그나마 공부를 잘한다는 고등학교의 교복을 입고 있을 때까지만 해도 아빠는 술 취한 얼굴로 '우리 딸~'하며 까칠한 볼을 비벼댔었다.

대학교를 서울로 가지 못했을 때, 교직 이수라는 마지막 희망을 저버리고 예술대로 전과했을 때, 졸업 후 처음 받은 월급이 120만 원이라는 걸 알았을 때, 문틈 사이로 들려오는 아빠의 취기 어린 한숨 소리를 들으며 난 더는 그의 자랑이 아니라는 것을 인정해야했다.

"지금 때가 어느 땐데. 돈 모아서 시집이나 갈 것이지."
이번에는 정도가 심했다. 그러니 나도 마지막 카드를 꺼내

들 수밖에 없었다. '월급'이라는 거짓말이었다. 이직할 때나 새로운 프로젝트를 진행할 때 아빠의 질문은 항상 하나였다. "돈은 많이 준대냐?" 지을 수 있는 가장 불만스러운 표정으로 대답을 대신할 때마다 아빠는 나보다 더 울 것 같은 얼굴을 하고 있었다.

"내 딸이 대기업은 못 다녀도 돈은 느그 자식들보다 많이 벌어!"
벌게진 얼굴로 목청껏 소리를 지르며 술잔을 높이 쳐드는 아빠의 얼굴이 떠올랐다.

몰래 짐을 싸서 도망가겠다는 나에게, 동생은 '아빠 상처 주지 말라'고 지나가듯 말했다. 이해할 수 없는 아빠의 행동에 분노할 때나 엄마와 짝짜꿍이 맞아서 아빠 흉을 볼 때면 동생은 항상 이런 식이었다. '나한테 아빠 욕하지 마.' 스물다섯, 아들의 무게는 얼마일까.
나의 이 한심한 짓거리는 이제 익숙하다는 듯한 눈빛이었지만 그래도 이 세상에 내 선택을 존중해주는 단 한 명의 사람이 있다면 그건 동생이라는 걸 나는 알고 있었다.
동생과 입을 맞춘 뒤 일주일 중 아빠의 가장 기분 좋은 시간을 기다렸다.
아빠는 '붕어빵'을 시청하는 시간에 가장 크게 웃는 것 같았다. 특히 일라이다가 나올 때면 나한테도 한 번 보인 적 없는 미소를 띠고는 했다. 웃다가도 나를 보면 표정을 굳히던 아빠는 그날따라 기분이 좋아 보였다.

"베를린에 아주 좋은 자리가 났어요."
"월급은?"
"요즘에는 나가고 싶어도 못 가서 난리예요."
동생이 옆에서 거들었다. 아빠는 동생을 바라볼 때 눈을 더 천천히 깜박이는 것 같았다. 날이 갈수록 한심한 짓만 해대는 딸보다 아들을 더 오래 담고 싶었던 걸까.
"아빠, 제발."
거의 매달리다시피 아빠의 다리를 잡고 늘어졌다.
"네 마음대로 해. 가든가 말든가."
시선은 여전히 조그만 입으로 퀴즈를 맞히는 일라이다에게 향한 채 아빠는 옅은 한숨을 내쉬었다.
가든가 말든가. 나는 한 번에 알아들었다. 말 번복하기를 누구보다 싫어하는 아빠가 할 수 있는 최선의 승낙표현이라는 것을. 일어나서 소리를 지르고 방방 뛰는 나를 한심하다는 듯 위아래로 훑어보던 아빠는 조용히 TV 볼륨을 키웠다. 일라이다의 순서는 끝이 난 것인지 링컨이 퀴즈를 맞히며 이리저리 뛰어다니고 있었다.
'붕어빵'은 이제 종영되었다는 사실을 알게 되었다. 내가 베를린으로 떠나온 지 한 달이 지난 후였다. 그럼 이제 아빠가 가장 크게 웃는 시간은 언제일까. 아빠는 지금 웃고 있을까.

나에게는 동행이 한 명 더 있었다. 대학에서 같은 공부를 했   여자사람
던 또 한 명의 동생, C. 베를린의 한 카페에서 H와 나는 자   둘,
주 C를 떠올렸고 'C가 여기 좋아하겠다.'는 말 한마디가 여
기까지 이어진 것이었다. 하루아침에 우리는 대학 선후배   남자사람
사이에서 한집에 사는 룸메이트가 되었다.   하나

공항으로 마중 나온 H와 호들갑스런 환영 인사를 마친 뒤,
우리는 앞으로 함께 살아갈 집으로 향했다. 베를린에서 1년
간 생활할 짐이라고 하기엔 터무니없이 작은 캐리어를 하

나씩 끌며 걷는 내내 눈에 담기는 모든 것이 달라져 있었다. 이곳이 베를린이라는 게 믿어지지 않을 때쯤 C가 말했다.

"미래광장 냄새나는 것 같아요."
C는 종종 냄새로 과거의 기억을 끄집어내곤 했는데, '미래광장'처럼 대학 캠퍼스나 건물 이름을 말해 분위기를 깨곤 했다. 그래도 언젠간 '베를린 냄새'로 이 순간을 떠올릴 수 있다면 이 기억법도 꽤 괜찮은 방법이라는 생각이 들었다.

우리 집은 베를린의 중심과 그리 멀지 않은 프렌츠라우어베르크Prenzlauerberg에 있었다. 베를린은 구역마다 그 분위기가 조금씩 다른데 예쁜 카페와 편집숍이 많으면서도 안전한 프렌츠라우어베르크는 우리의 취향에 딱 맞는 곳이었다. 거리마다 소소한 카페들이 넘쳐났고 평소에는 평화롭

다가도 마켓이 들어서는 주말엔 활기가 돌았다.
카페에 앉아 햇빛을 즐기는 사람들, 자전거를 타고 다니는 여유로운 모습들. 베를린은 전체가 생활도시이기 때문에 어디를 가든 살기 좋은 풍경이 눈앞에 펼쳐진다. 취향 차이는 있지만, 어느 동네든 비슷한 모습과 생활 수준을 유지하고 있다는 건 그만큼 이 도시가 큰 격차 없이 살아가고 있다는 의미가 아닐까.
베를린의 건물은 크게 오래된 것(Alte Bau)과 새로 지은 것(Neue Bau)으로 나뉘는데 우리 집은 오래된 집에 속했다. Alte Bau는 천장이 높고 창문에 방한이 잘되지 않아 추운 게 일반적이다. 우리 집은 변기만 있던 화장실에 한 명이 겨우 사용할 수 있는 샤워부스를 개조해 넣었을 정도이니 얼마나 오래된 집인지 감도 잡히지 않았다.
큰방 겸 책상과 테이블이 있는 생활공간(WohnZimmer)은

C가 쓰기로 했고, 큰 침대가 있는 작은 방(SchlafZimmer)에선 H와 내가 함께 지내기로 했다. 오랜 기간 인적이 드문 방 특유의 한기에 어깨가 움츠러들었지만, 한국에서 가져온 짐을 하나하나 풀면서 그동안 나누지 못했던 이야기(이 집을 구하기까지의 우여곡절이 8할이었지만)를 나누다 보니 얼어있던 몸과 마음이 풀려갔다.

출출한 배를 채울 겸 H가 해주는 크레페를 먹으며, 창밖을 보는데 건너편 집 창문에 사람이 보였다.

"외국인이다!" 라고 소리치는 내게
"누나가 외국인이에요." 라고 말하는 C 덕분에 한바탕 웃다 보니 베를린에 왔다는 사실이 그제야 실감이 났다.

'내가 정말 베를린에 왔구나.'

더는

당연한 것이

없다는 것

베를린에 와서 가장 먼저 배운 단어는 möchten(원하다) 이었다. 마법 같은 단어라는 생각이 들었다. 먹길 원하고, 성공하길 원하고, 사랑하길 원하고. 원하기만 하면 다 이루어질 것 같은.

베를린에 도착했을 때까지만 해도 나는 내가 원하는 것을 쉽게 이룰 수 있을 거로 생각했다. 하지만 간단한 인터넷 설치부터 마음대로 되지 않았다. 전화 한 통으로, 심지어는 인터넷으로 가입해도 확인 전화와 함께 다음날 바로 설치기사를 보내주는 우리나라와는 달리 베를린은 설치기사가 오기까지 4주의 시간이 걸렸다. 만일 약속한 날짜에 설치기사를 만나지 못하면 다시 약속(Termin)을 잡은 후 일주일을 기다려야 하는데 우리는 네 번의 Termin 끝에 인터넷을 설치할 수 있었다. 집에서 인터넷을 사용하기까지 두 달이라는 시간이 지났고, 인터넷이 있어야만 가능했던 일정들은

당연히 뒤로 미뤄졌다.
인터넷 설치 외에도 병원, 거주자 등록, 계좌개설 등 대부분의 서비스가 Termin을 잡아야만 진행이 되었고 한 달 이상을 기다려야 하는 경우도 많았다.

처음 몇 달간은 원하는 것을 당연하게 얻었던 한국에서와는 다른 생활방식에 적응해야만 했다. 당연하게 받았던 서비스들, 전화 한 통이면 달려오시던 기사님들, 바로 업무처리가 가능했던 은행과 주민 센터. 세상에 당연하게 얻어지는 것은 없다는 생각을 하기 시작했던 것도 이때쯤이었던 것 같다. 그리고 깨달았다. 내가 당연하게 받아 온 것들에는 누군가의 수고로움이 전제되어 있었음을.

내가 베를린에서 원하는 대로 할 수 있는 것은 오직 내가 원해서 베를린에 왔다는 사실 하나뿐이었다.

베를린 다이어리

한 나라의 언어를 익힌다는 것은 그들이 사는 방식을 어느 정도 이해할 수 있게 된다는 의미이기도 하다. 독일어를 자유롭게 구사하지도, 그렇다고 문맥상 의미도 완벽하게 파악하지 못하는 내 실력으로 언어에 관해서 이야기하는 것이 조심스럽지만 한 가지 확실하게 말할 수 있는 것은 독일어를 배우기에 인생이 너무 짧다는 것이다.

"Das Leben ist zu kurz um Deutsch zu lernen."
새로운 언어로 이야기한다는 것은 완전히 새로운 뇌로 생각하는 것과 다름없다. 12년을 배웠다는 나의 영어 실력을 보면 그리 놀랄 일도 아니지만, 우리나라와 전혀 다른 언어 체계를 이해하는 데에는 정말 많은 시간이 걸린다는 것을 다시 한번 느끼게 되었다.

유학이 목표인 친구들은 한국에서 미리 독일어를 공부하고 오는 경우도 많았지만, 알파벳부터 새로 시작하는 나는 머릿속을 깨끗이 비워야 했다. 평소처럼 생각한 그대로 독일어로 말하면 틀리는 경우가 부지기수였기 때문에 생각하는 구조 자체를 독일식으로 바꿔야 했다.

한마디

내뱉는

자신감

독일어 수업의 단계는 기초단계인 A1, A2에서부터 B1, B2, C1, C2까지 6개의 레벨로 나누어져 있으며 학원에 따라서 조금씩 차이는 있을 수 있다.

A2 단계까지만 배워도 물건을 구매하고 길을 찾는 등의 기본 생활을 유지하는 데 무리가 없지만, 일자리를 구할 때 B1 이상의 실력을 요구하는 곳도 많으니 조금 더 높은 차원의 삶을 위해서는 차근차근 단계를 밟아가는 것이 좋다.

베를린에는 다양한 인종이 모이는 만큼 어학원의 수도 상당히 많았다. 나는 독일어나 어학원에 대한 정보가 하나도

없는 상태에서 왔기 때문에 지하철 광고나 친구의 경험에 의존할 수밖에 없었다.

베를린에 오자마자 처음 등록한 어학원은 자연스럽게 회화를 익힐 수 있는 Volkshochschule 였다. 베를린 내에만 15개 이상의 지점이 있으며 독일어 외에도 사진, 요리, 수영, 악기 등 다양한 수업을 들을 수 있는, 말하자면 평생교육원 같은 곳이었다. 비용도 저렴해 어학 수업의 경우 150~180 유로 사이면 들을 수 있었다.

어느 정도 기본적인 문장을 이야기하는 데에 익숙해질 때쯤 조금 더 높은 수준의 독일어를 배우기 위해 선택한 곳은 유학생들 사이에서 꽤 유명하다는 Hartnackschule였다.
100년 전통의 Hartnackschule는 독일어 자격증 공부에 특화된 학원으로 문법 위주의 수업이 많아 대학 진학을 목표로 온 학생들이 많은 곳이었다. 학원의 규모가 워낙 큰 데다 다양한 수업과 시험이 진행되다 보니 강의실이 자주 변경되곤 했는데 메일이나 문자로 개별 연락을 주지 않아 아침에 허탕을 치는 경우도 종종 있었다. 인포센터 또한 다양한 문의와 학생들로 늘 붐비기 때문에 다음 코스를 등록해야 할 때는 3시간 이상을 기다려야 할 때도 있었다.

문법식 수업에 지쳐갈 때쯤 친구의 추천으로 비교적 자유로운 분위기에서 수업이 진행된다는 Deutsch Akademie로 학원을 옮겼다. 수업이 참여형인지 아닌지는 책상의 배치에서부터 알 수 있는데 Hartnackschule가 책상이 칠판을 바라보고 있는 구조라면 Deutsch Akademie는 학생들끼리 서로 마주 볼 수 있는 'ㄷ' 모양으로 배치되어 대화 연습 위주로 수업이 진행되었다.

오랜 기간 어학 공부를 계속하고 있지만, 의사소통에 대한 답답함은 여전히 계속되고 있다. 하고 싶은 말을 할 수 없을 때 오는 자괴감은 처음 느껴보는 것으로, 단순히 독일어 하나로 무시 받는 경우가 종종 있다 보니 자신감도 부족해지고 삶의 질도 낮아지는 것 같다는 생각을 한다.
주말마다 열리는 마켓에서 욱일승천기를 걸어둔 부스를 지나칠 때마다, 시도 때도 없이 들려오는 동양인 비하를 무시해야 할 때마다 나 스스로가 한심해진다. 나에게 중요한 건 독일어 자격증이 아니라 되든 안 되든 한마디 내뱉는 자신감이라는 것을 또 한 번 깨닫는다.

우리는

**진짜
사랑이**

아니었을까

베를린의 봄이 늘 따듯했던 것만은 아니었다. 겨울에 태어난 나는 추위에 특히 약했지만 그래도 겨울을 가장 좋아했다. 나에게 겨울은 늘 연애의 계절이었고 봄의 시작이었다. 지난겨울에도 나는 새로운 사랑을 하고 있었다. 그와 베를린 사이에서 흔들리지 않은 것은 아니었지만 '포기'라는 것이 누군가를 얼마나 사랑하는지 가늠하는 척도는 아니라는 생각에 둘 다 동의했다. 베를린으로 떠날 걸 알면서도 시작한 연애이기도 했고 무엇보다 일 년이라는 시간이 그리 길지 않을 거로 생각했다. 하지만 결국 우리는 베를린으로 떠나온 지 한 달이 채 되기도 전에 헤어졌다.

헤어지는 게 맞는 것 같다고 했다. 새벽 4시였다. 메시지를 받은 시간이. 그동안 깨닫지 못했던 그와의 물리적인 거리가 느껴졌다. 우리는 시차만큼 멀었다.
자신의 선택으로 벌어진 일들 때문에 나에게 집중할 수 없다는 것이 이유였다. 나도 그와 베를린 사이에서 내가 하고 싶은 일을 선택했듯 그도 그의 선택을 했을 뿐이라는 생각이 들었다.

헤어지기 전날 밤 영화 '매직 인 더 문라이트'를 봤다는 사실이 떠올랐다. 눈에 보이지 않는 것은 그 무엇도 믿지 못하는 냉철한 이성주의자 스탠리가 4차원의 심령술사인 소피에게 사랑에 빠져드는 모습을 담은 영화였다. 영화에서 우디 앨런은 사랑이란 비이성적이고 비논리적인 마법과도 같은 것이라고 말하고 있었다. 헤어지는 순간까지도 이성적이었던 우리는 진짜 사랑이 아니었을까?

"프리랜서입니다."

그러니까 이 한마디가 얼마나 부러웠는지 모른다. 프리랜서라는 직업에 대한 막연한 동경. 아침 8시 반 출근, 저녁 6시 퇴근을 반복하는 루틴 속에서 바라본 프리랜서는 마치 시간을 자유자재로 다루는 히어로 같았다. 발 디딜 틈 없는 지하철 속 손잡이에 간신히 매달려있던 그때까지도 나는 내가 프리랜서가 되리라고는 상상도 못 했었다.

프리랜서를 향한

무지의 기록

베를린에서의 생활비를 벌어볼 심산으로 수많은 곳에 제안서를 보내면서도 마지막까지 보내고 싶지 않았던 곳이 마케팅대행사였다. 한국에서의 생활과는 조금이라도 다른 삶을 살아보고자 선택한 베를린에서까지 누군가의 마케팅을 대신 해주고 싶지는 않았다.

하지만 나에게 일을 주겠다는 곳은 마케팅 대행사뿐이었다. 하기 싫은 일을 하지 않으려는 것뿐이었는데, 역시 세상은 사회생활 고작 4년 차의 풋내기인 내 생각대로 움직여주지 않았다.

생각을 바꾸어 비교적 쉽게 프리로 전향할 수 있다는 사실에 감사하기로 했다. 말은 이렇게 해도 당시 나는 "직업이 뭐예요?" 물으면 "프리랜서입니다." 라고 말하는 모습을 상

상하며 히죽거리곤 했었다. 일하고 싶을 때 일하고, 여행 가고 싶을 때 여행 갈 수 있는 프리랜서. 내가 프리랜서라니. 아니 내가 히어로라니!

진정한 히어로는 힘의 크기만큼 책임의 무게를 감당해야 한다는 사실을 그때는 몰랐다. 시간을 자유자재로 움직일 수 있다면 시간에 대한 책임을 져야 했다. 거기다 이곳은 베를린. 한국보다 7시간이 느렸다. 하루에 반드시 해야만 하는 양이 있었고, 어학원을 다녀온 후 한국시각으로 자정까지 일을 끝내고 나면 이곳은 오후 4시였다. 다음날 분량까지 미리 해야 하는 날에는 온종일 일만 한다고 해도 무방했다.

물론 새벽부터 일어나 어둑해져야 집에 돌아오던 생활을 잊은 것은 아니다. 다만 우연히 만난 한국인에게서 받은 부러움의 눈빛이 불과 몇 달 전의 내 모습을 상기시켜, 몇 자 적는 프리랜서를 향한 나의 무지의 기록이다.

잊지못할

베를린의

봄

추위가 뼛속까지 시리게 만든다는 습기를 머금은 겨울과 회색 도시라는 불명예스러운 수식어 탓에 꽃으로 물든 베를린의 모습이 쉽게 상상이 되지 않을지도 모른다. 하지만 긴 터널 같은 겨울을 버텨내면 회색이 걷힌 초록의 베를린을 만날 수 있다.

본격적으로 봄이 시작되는 4월, 베를린은 도시 전체를 그린 도시라고 불러도 좋을 만큼 푸르다. 크로이츠베르크Kreuzberg에는 거리거리마다 평균 8~90그루의 나무가 서 있고, 샤로텐부르크Charlottenburg 지구에는 9m마다 나무가 심겨 있다. 2010년에는 정부가 티어가르텐Tiergarten에 있는 단풍나무 140그루를 옮겨심기로 하자 분노의 서명운동이 일어 무효가 되었을 정도이니 베를리너들에게 그린

베를린은 생활 이상으로 중요하다고 볼 수 있다.
독일의 벚꽃은 비만 내리면 금세 져버리는 우리나라의 벚꽃과는 달리 5월 중순까지도 흐드러지게 피어있다. 아무리 꽃에 감흥이 없는 사람이라도 벚나무 아래를 걸을 때면 흩날리는 꽃잎을 보느라 평소보다 조금 더 시간이 걸리게 된다.
이건 내 이야기이기도 한데 나는 돈을 들여 꽃을 사거나 식물을 가꾸는 취미를 이해하지 못하는 사람 중 하나였다. 하지만 자연 그대로의 모습으로 피어있는 들꽃과 나무 그늘에 누워 쉬는 사람들을 보면서 나에게도 많은 변화가 일어났다. 가던 길을 되돌아와 길가에 핀 꽃을 굽어보게 되었고, 주말에는 일부러 시간을 내 공원에 자리를 잡고 누워 푸른 숨을 쉬는 게 일상이 되었다. 무뚝뚝한 얼굴로 나무 밑에 작

은 접시를 놓아두는 아저씨를 보며 자연을 대하는 태도에서부터 나오는 건강한 마음이 지금의 베를린을 만든 것은 아닐까 하고 생각했다.

'겨울을 지내봐야 독일을 알 수 있다'는 말처럼 아직 나에게는 독일의 겨울이 남아있다. 어쩌면 하루에 3분의 2가 넘는다는 독일의 길고 긴 밤을 보내면서 회색 도시라는 명성에 굴복할지도 모르겠다. 하지만 확실한 건 꽃이 진다고 베를린의 봄을 잊을 것 같지는 않다.

아픔의

깊이

베를린 예술대학(UDK)에 '피로사회'의 저자 한병철 교수님의 교양 수업을 들으러 가는 길이었다. 정기권 대신 웬만한 거리는 걸어 다녔던 탓에 집과는 거리가 있는 예술대학까지 가기 위해서는 교통권을 사야만 했다. 베를린은 다른 물가에 비해 교통비가 비싼 편인데 편도 티켓(Einzelkarte)이 2.80유로, 하루 이용권(Tageskarte)이 7유로로 학생이 아닌 이상(학생은 교통비가 무료) 교통비로 꽤 많은 돈을 지출해야 했다.

같이 수업을 듣기로 한 친구와 트람을 타서 티켓을 끊으려고 하는데 승차권 기계가 고장이 나 있었다. 이럴 경우 목적지까지 그냥 가거나 환승을 할 때 사는게 일반적이라 나도 일단은 환승을 하는 지하철역까지 무임승차를 해야 했다. 하지만 친구와 신나게 수다를 떠느라 티켓을 사야 한다는 사실은 새카맣게 잊은 채 계단을 뛰어올라 막 도착하는 열차에 몸을 실었다.

베를린의 지하철은 따로 개찰구가 없으므로 양심껏 티켓을 구입하는 시스템이다. 티켓은 플랫폼마다 배치된 자동발권기나 BVG 인포센터에서 직접 살 수도 있다. 티켓을 샀다면 열차에 탑승하기 전에 반드시 개찰기에 티켓을 넣어 개찰 역과 시간이 인쇄된 티켓을 소지하고 있어야 한다.
결국, 지하철마저 무임승차를 했던 나는 검표원에게 그 자리에서 벌금 40유로를 지급해야 했다. 돈도 돈이지만 무임승차를 했다는 사실이 민망하고 견디기 힘들었다. 의도적인 것은 아니었지만, 외국인으로서 좋은 일보다 안 좋은 일로 평가받는 경우가 많으므로 '나 하나 때문에 한국인의 이미지가 나빠질 수도 있겠다'는 생각이 들어 계속 신경이 쓰였다.

강연을 듣고 나와 도저히 다시 전철을 탈 기분이 아니었다. 걸어서 두 시간은 족히 걸리는 거리였지만 집까지 걷기로 했다. 40분 정도 걸으니 말로만 듣던 홀로코스트 기념비(Denkmals für die ermordeten Juden Europas)가 눈앞에 나타났다.
이 어마어마한 크기의 콘크리트 벽들이 홀로코스트 기념비라는 것을 몰랐다면 그냥 지나쳤을 것이다. 조명도 설명도 없는 불친절한 기념비는 내가 알고 있던 추모비들과는 너무도 다른 모습이었다. 마치 큰 돌무덤 같다고 해야 할까.
'베를린은 기념비 하나도 평범하게 안 만드는구나.'

베를린 다이어리

그렇게 별생각 없이 기념비 사이로 걸어 들어가는데 안으로 들어갈수록 조금씩 땅의 깊이가 달라졌다. 밖에서는 1m 남짓 비슷해 보이던 기념비의 높이가 2m, 3m는 족히 넘어 보였다. 가장 깊은 곳에 들어갔을 때 비로소 이 콘크리트 벽으로 만들어진 기념비를 조금은 이해할 수 있을 것 같았다. 이전까지 홀로코스트는 나에겐 그저 외국에서 벌어진 역사적인 사건일 뿐이었다. 그 많은 유대인을 학살한 비극이 불과 70년 전에 일어났다는 사실을 믿고 싶지 않기도 했고, 그 아픔이 피부로 느껴지기보다는 단어 그대로 '추모' 정도의 의미로만 다가왔다. 하지만 직접 걸어 들어가서 본 홀로코스트의 깊이는 밖에서 보던 것과는 달랐다. 단순히 사건 밖에서 추모하는 마음만으로는 알 수 없는 깊이가 있었다.

지난 4월 홀로코스트 추모비 바로 옆, 브란덴부르크 문에 서 있었던 세월호 1주기 추모식이 떠올랐다. 노란 리본 하나 달고 그 깊이를 헤아리는 척했던 그날의 기억이 부끄러웠다.

집으로 걸어오는 내내 생각했다. 나에게 '죽음'이라는 것을 인지할 수 있게 해준, 그리고 결국에는 나를 이곳, 베를린으로 올 수 있게 해준 사건을 잊지 않아야겠다고. 그 아픔의 깊이를 알 수는 없지만, 영원히 기억하는 일로 대신해야겠다고. 홀로코스트 추모비가 베를린의 정중앙에 놓여있듯 나도 그 아픔을 가슴에 깊이 새겨 넣어야겠다고 생각했다.

다시, 오지 않을 날

어떤 것이 일상이 되기까지, 그것에 적응하기까지는 얼마간의 시간이 필요할까. 얼마나 많은 일을 겪어야 그것에 익숙해졌다고 말할 수 있을까.

많은 사람의 우려와 걱정을 뒤로한 채 베를린에 온 지도 벌써 한 달 반이라는 시간이 지났다. 매일 쓸고 닦으며 소중히 여기던 내 방에도 어느덧 양말이 굴러다니기 시작했고, 유럽의 햇살을 온몸으로 느끼며 '몸부림치던' 거리도 이제는 '어학원 가는 길'에 지나지 않는 일상이 되었다. 이제는 지도 없이 Alexander Platz에 갈 수 있고, 분위기 좋은 Bar보다는 마트에서 산 맥주를 더 많이 마시게 되었다.

하지만 어학 공부와 일이라는 생활의 길로 들어서면서 여행자의 설렘은 조금씩 잦아들어서 망가진 선반과 다 떨어진 주방 세제, 오늘의 저녁 메뉴를 고민하는 시간이 늘어갔다. 그렇게 베를린 생활에도 권태기가 찾아올 즈음 패기와 설렘으로 무장한 사람들이 하나둘 우리 집에 들이닥쳤다. 그들의 이름은 배낭 여행자였다.

베를린의 5월, 푸릇푸릇한 일상도 루틴이 되어갈 무렵 인도 여행자 G와 T가 찾아왔다. 이전에 찾아온 친구에게 "사람들

이 왜 베를린을 지루하다고 하는지 알 것 같다."는 말을 들은 직후라 의기소침해있던 시기였다. 베를린은 파리나 스페인의 화려함을 기대하고 오는 여행자들에게는 그리 매력적인 도시는 아닐 수 있다. 전쟁의 피해를 그대로 간직한 성당과 터만 남은 베를린 장벽, 물이 많은 지형 탓에 도로 위로 모습을 드러낸 파이프관은 화려함과는 거리가 멀다. 이미 파리에 마음을 빼앗긴 친구에게 베를린은 지루한 도시였을 것이다.

G는 내가 한국에서 베를린으로 출발하기 하루 전날 먼저 인도로 떠난 친구였다. '베를린에서 보자'는 약속을 지키기 위해 인도에서 날아온 G는 같은 시간을 외국에서 보낸 나

와는 다른 얼굴을 하고 있었다. 나이 40이 지나면 살아온 인생이 얼굴에 드러난다고 하던데 오랜 기간 배낭을 멘 여행자의 얼굴에서도 거리에서 보낸 시간이 고스란히 담겨 있는 것 같았다. 인도 냄새를 온 지하철에 풍기며 걸어오는 G를 두 팔 가득 안았다.

"반가워, 정말 반가워, 한 시간이나 기다렸지만 봐줄게. 반가우니까."
G가 와서 가장 크게 달라진 점은 G의 노랫소리로 하루를 시작한다는 거였다. 잠이 별로 없는 G는 아침 일찍부터 인도에서 가져온 짜이를 끓이며 태연의 '만약에'를 열창해 우리의 아침잠을 깨웠다. 다 함께 과음을 한 다음 날에도 부지런히 꿀물과 해장 라면을 끓여 쓰린 속을 달래주기도 했다.

G는 인도를 닮은 느린 웃음을 보이며 방바닥을 굴러다니다가도 '존재의 의미'에 대한 회의적인 시선을 이야기하곤 했다.

"존재 자체에 의미는 없어요. 누나. 인간이 의미를 부여하는 것뿐이에요."
"나는 철학 같은 건 잘 모르지만 모든 생명에 죽음이 있다면 역설적으로 살아있을 때도 의미가 있는 거 아닐까."
염세주의자 같은 말을 해대면서도 G는 그 존재의 의미를 찾기 위해 살고 있으며 끝내는 꽤 괜찮은 사람이 되고 싶다고 말했다. 누구의 말이 옳은지 그른지 우리는 몰랐다. 그래도 결론은 살아보자는 것. 의미가 있든 없든 살아봐야 알 수 있는 거니까. 죽지 않고 살아야 G는 자신의 팔에 새긴 문신처럼, 그리고 목에 건 노란 리본처럼 다른 이들의 죽음을 기억할 수 있을 테니까.

G가 떠나자 새로운 인도 여행자 T가 찾아왔다. T는 여유로운 모습 속에 굳이 내보이려고도, 숨기려고도 하지 않는 단호함이 있는 아이였다. 작지만 다부진 몸에 보조개를 드러내고 웃을 때면 베를린과 닮았다는 생각을 했다.

T와는 한량처럼 베를린을 활보했다. 그날도 우리는 마우어 파크의 나무그늘 아래에서 그릴로 배를 채운 뒤 잔디밭에 누워 늘어지게 낮잠을 잤다. 원형 무대에서는 베를리너들이 영화 타이타닉 OST인 'My heart will go on'을 목청껏 부르고 있었다. 스페인 드러머의 연주까지 챙겨 듣고 돌아오는 길에 T가 말했던 한마디는 아직도 머릿속에 남아있다.

"나보다 베를린 제대로 즐기고 가는 여행자 없을 것 같아."

"안녕 베를린. 안녕 M누나. H누나, 그리고 C. 언젠가 말했었지. 이 순간은 다시 오지 않는다고. 먼 훗날에 같은 사람들이랑 같은 장소에서 만나도 그때 그 순간이 돌아오진 않는다고. 내가 표현을 안 해서 그렇지 고맙고 즐거웠어."

그토록 바라던 이곳에서의 일상이 지루해질 수 없는 이유가 그 친구들의 눈에 있었다. 지금은 일상처럼 느껴지는 이 시간도 분명 그리워지리라는 것. 결국에는 나도 이곳을 떠난다는 사실이 다시 나를 여행자의 위치로 데려다 놓았다. 그리고 나는 모든 것이 지겨워 놓아버리고 싶을 때마다 G가 남긴 말을 떠올렸다.

"잘 지내. 베를린에서. 투닥투닥. 다시 오지 않을 날들이니까."

유난 떨지 않는 독일 사람들도 유독 예민하게 구는 일이 있다. April Wetter. 4월의 날씨다. 독일 날씨는 악명이 높지만 그중에서도 4월은 그 정도가 심하다. 비가 퍼붓다가 다시 그 비가 다 마를 정도의 햇볕이 내리쬔다. 언제 비가 올지 모르니 오히려 우산이 쓸모가 없다.

'April, April, der macht, was er will!' 4월은 자기가 하고 싶은 대로 한다거나 'April und Weiberwill ändern sich schnell und viel.' 4월과 여자의 마음은 빨리, 그리고 많이 변한다는 속담을 만들어낼 정도니 점잖은 독일인들의 분노?가 어느 정도일지 짐작이 간다.

언제쯤

베를린
날씨에

적응할 수
있을까

베를린 다이어리

또 하나 특이한 건 일기예보에 대한 독일인들의 신뢰도가 꽤 높다는 점이다. 베를린 날씨에 적응이 되기 전 나는 눈이 와도 비가 내려도, 심지어 포근해진 날에도 무스탕만 입었다. 16도와 11도의 차이를 모르는 나에게는 무조건 따듯하게 입는 것! 그것이 내가 얼어 죽지 않고 살아남은 비결이었다.

평소 조금만 추워도 머리끝부터 발끝까지 무장하고 다니는 독일인들이 날씨가 풀린 날에는 어떻게 알았는지 가벼워진 옷차림으로 다니는 걸 보고는 귀신같은 사람들이라고 생각했다. 알고 보니 집을 나서기 전에 거의 일기예보를 확인한다는 것이었다.

적응해야 하는 것은 추위뿐만이 아니었다. 추위보다 건조한 날씨에 약한 나는 자다가도 목이 바싹바싹 말라 물을 찾았다. 한번 잠에서 깨고 나면 꿈속에서도 갈증을 느꼈다. 영화속 연가시에 감염되어 강으로 뛰어들어가던 사람들의 모습에서 내 얼굴이 보이는 듯했다. H는 도무지 잘 챙겨 먹지 않는 내가 이렇게라도 물을 마시니 다행이라고 했지만, 문제는 피부였다.

건조한 공기는 밤새 널어둔 젖은 수건은 물론이고 내 피부까지 쩍쩍 갈라지게 했다. 거울을 보며 '이 주름은 날씨 탓이지 나이 때문이 아니다.' 주문을 외며 덕지덕지 보습크림을 바르면 조금 위안이 되는 것 같기도 했다.

라디에이터 온도를 조금 줄이고 가득 채운 물컵을 머리맡에 두면 잠자리에 들 준비가 끝이 난다. 수면 양말에 레깅스, 양털 집업으로 무장을 하고 머리끝까지 이불을 덮어 올리지만 찬 공기는 여전하다. C방에서도 콜록콜록 마른기침 소리가 들려온다. 언제쯤 우리는 베를린 날씨에 적응할 수 있을까.

일요일엔 여행을 하다 보면, 특히 유럽에서는 유러피언의 여유로운
일상에 녹아들고 싶을 때가 있다. 여기서 여행객으로서 사
마우어파크 진을 찍을 것이 아니라 나도 저 속으로 들어가 기꺼이 피사
체가 되고 싶어진다. 베를린에서 하루하루 일상을 보내고
있는 나도 완벽하게 그들의 풍경에 흡수되기란 쉽지 않다.
하지만 일주일에 단 하루 주인공이 될 수 있는 특별한 장소
가 있다.

베를린에서는 부러 찾아 나서지 않아도 어렵지 않게 벼룩
시장을 만날 수 있고, 공원에서의 그릴이 가능하며, 어디서
든 수준 높은 버스킹 공연을 볼 수 있다. 이 세 가지를 한 장
소에서 즐길 수 있는 곳이 바로 마우어파크이다. 잔디밭에

서는 밴드공연에 맞추어 자유롭게 춤추는 사람들이 있고 원형 무대에서는 가라오케라 불리는 공개노래자랑대회가 열린다. 베를린 최대의 벼룩시장에서는 빈티지하면서도 보물 같은 아이템을 1유로에 살 수도 있다. 우리나라에서는 음악페스티벌에서나 볼 수 있는 풍경이 일요일마다 펼쳐지는 것이다.

Mauer(마우어)란 독일어로 '장벽'을 의미한다. 과거 장벽 주변의 안전지대였던 곳에 벽이 허물어진 뒤 공터로 남게 된 곳을 공원으로 조성해 마우어파크가 생겨났고, 이곳에 프리마켓이 들어서면서 베를린 최대의 벼룩시장으로 탈바꿈했다.

마우어파크 프리마켓에서는 '벼룩시장'이라는 말에서 풍기는 분위기 그대로를 느낄 수 있다. 빈티지 소품, 엔틱가구, 예술품부터 낡았지만, 누군가에게는 보물이 될 수 있는 아이템이 곳곳에 숨겨져 있다. 굳이 사지 않아도 그 분위기만으로도 들뜨고 즐거워진다. 마우어파크 프리마켓에서는 누구나 셀러가 될 수 있다. 베를린에서 주인공이 될 수 있는 첫 번째 이유가 여기에 있다.

마우어파크에 셀러로 등록하기 위해서는 참석하려는 날짜의 일주일 전에는 직접 프리마켓 인포센터로 찾아가 신청

을 해야 한다. 개인 셀러는 아침 9시부터 오후 1시까지 신청할 수 있지만, 일찍 줄을 서지 않으면 자리를 배정받지 못할 수도 있다는 말에 우리도 아침 일찍 집을 나섰다. 등록비용은 32€로 지붕이 있는 3m 길이의 부스와 테이블이 포함된 가격이며 예약 시 현장에서 20€를 선결제해야 했다. 나머지 12€는 플리마켓 당일 직접 부스로 찾아와서 수금해 가는 시스템이었다. 예약을 제대로 마치면 테이블 번호와 날짜가 적혀있는 예약증을 발급해 주는데 프리마켓 당일 8시까지 방문해서 출석체크를 해야 한다. 그렇지 않으면 자리를 빼앗길 수도 있는데 그것도 모르고 9시 넘어서 설렁설

렁 도착한 우리는 번호를 세 번이나 교체 받아서 간신히 자리를 잡을 수 있었다.

우리는 미리 마우어파크에서 판매할 공책과 어린이용 한복을 한국에서 가져왔었는데, 실제로 공책의 소득이 꽤 높았다. 베를린에서는 디자인된 팬시 제품들이 비싸게 판매되고 있었기 때문에 플리마켓에서 3~4유로에만 판매해도 괜찮을 것이라는 H의 예상 덕분이었다. 오히려 대박을 칠 것으로 생각했던 어린이 한복은 한 벌도 팔지 못했다. 무조건 싸게 사려는 벼룩시장의 특성상 30유로 이상인 물품은 마켓의 성격과 맞지 않았다.

장기여행자들이 어느 시점 이상이 되면 '여행의 짐'에 대해 이야기하는 것을 종종 봐왔다. 장기여행의 장점은 어쩌면 소유하는 것이 아니라 짐을 덜어낼 수 있다는 점이 아닐까. 쓸데없는 집착일 수도, 각자가 짊어진 인생의 무게일 수도 있지만 짐을 덜어내면서 비로소 채워지는 것들에 대해 알아가는 것이 장기여행의 매력이 아닐까. 그런 의미에서 마우어파크 프리마켓은 장기 여행자들이 짐을 내려놓기 아주 좋은 곳이라는 생각이 들었다.

프리마켓을 어느 정도 둘러보았다면, 혹은 판매를 일찍 끝마쳤다면 먹거리 부스에서 든든하게 배를 채운 뒤 공원 곳

곳에서 진행되는 공연을 보러 갈 차례이다. 자리를 잘 잡으면 잔디에 누워 낮잠을 자면서, 맥주를 한잔하면서 수준급의 버스킹 공연을 즐길 수 있다.

공연의 종류도 다양하다. 일단 연주가 시작되면 사람들이 하나둘 모여들면서 자연스러운 축제의 현장이 된다. 앉아서 가볍게 리듬을 타는 사람도 있고 드럼 앞으로 나와 자유롭게 춤을 추는 사람도 있다. 조용히 포크송을 부르다 자리로 돌아와 아이들에게 기타를 쳐주는 엄마의 모습이 영화처럼

펼쳐지고, 좋아서 하는 사람 특유의 반칙과도 같은 눈빛도 볼 수 있다.
이 속에서 주위의 시선을 신경 쓰는 사람은 아무도 없다. 내가 누구인지, 돌아가야 할 날이 언제인지, 모든 걸 잊은 채 내가 이곳에 있다는 사실에만 집중할 수 있다.

프리마켓과 공연이 전부라면 굳이 마우어파크가 아니어도 된다. 마우어파크의 마지막은 오후 3시에 원형 무대에서 열리는 가라오케(Karaoke)다. 농구대 건너편 원형 무대에서 매주 일요일 가라오케라 불리는 노래자랑대회가 열린다.
홈페이지에서 사전 신청을 받기도 하는데 신청자가 없으면 즉흥적으로 손을 들어 신청한 사람에게 사회자가 마이크를 넘겨준다. 팝송이나 독일 노래는 웬만하면 다 준비가 되어 있는 것 같다.
내가 본 가라오케 공연 중 단연 최고는 타이타닉 OST인 'My heart will go on'의 떼창이었다. 베를린에서 떼창을 볼 줄이야. 후렴구를 몇 번이나 반복해서 부르더니 마지막에는 기립박수까지 터져 나왔다. 노래 실력과 상관없이 함께 부르며 웃을 수 있는 분위기에 한국 콘서트장에 온 기분마저 들었다.

특별한 일이 없어도 일요일만 되면 블랭킷 하나, 맥주 한 병 들고 찾았던 마우어파크. 그 넓은 잔디밭 한가운데 누워있으면 이대로 베를린에 뿌리를 내릴 수 있을 것 같은 기분이 들었다. 강한 햇볕에 한껏 인상을 찌푸린 얼굴로 "오늘 영화 제목은 뭐야?" 하고 물으면 "우리 빼고 다 행복해."라고 말하는 H와 껄껄대며 잔디밭을 뒹굴던 그 순간만큼은 우리도 그곳의 주인공이었다.

II. 여름

8월의
어느 날,
베를린
다이어리

빈병과 궁상 사이

여전히 찬바람이 불어오던 5월이 지나고, 이제는 '여름'이라도 불러도 좋을 정도로 따듯한 해가 비추는 6월이 되었다. 비가 거의 오지 않는 베를린의 여름은, 어쩐지 방안에만 있기에는 엉덩이가 들썩거리는 날씨라고 해야 할까. 적당한 기온과 선선한 바람은 집순이인 나를 집 밖으로 끌어내기에 충분했고, 우리는 자주 공원에 누워 영화를 보거나 야외 수영장의 모래사장에서 낮잠을 자기도 했다. 도시 곳곳에서 열리는 페스티벌과 이벤트로 베를린 전체가 들썩거렸다.
베를린의 여름 분위기를 연출하는 또 한 가지는 다름 아닌 맥주였다. 한결 가벼워진 옷차림으로 거리를 활보하는 사람들의 손에는 맥주가 들려있었고 길거리 곳곳에는 빈 병이 가지런히 놓여 있는 풍경을 빈번히 볼 수 있었다.
시민 의식하면 알아주는 독일인들이 다 먹고 난 맥주병을 길거리에 세워두는 것에는 이유가 있다. 빈 병을 수거하는 Pfand(판트) 제도가 그 이유이다. Pfand(판트)는 유리병이나 PET병에 든 음료를 구입할 때 해당 병에 대한 보증금을 함께 지급하는 제도로, 빈 병을 반환할 시에 보증금을 돌려받을 수 있다. 모든 병에 해당하는 것은 아니지만, 맥주의 경우 계산 시 보증금 8센트를 더 지급해야 한다. 빈 병은 공병 반환기가 설치된 곳이라면 어디든, 누구든 보증금으로

반환할 수 있으므로 공병 수거를 하는 분들에게는 좋은 수입원이 될 수 있다.
세계의 1, 2위를 다투는 맥주 소비량에도 불구하고 거리를 깨끗하게 유지할 수 있고, 기업 입장에서는 빈 병을 재사용해 병을 새로 만드는 비용을 절약할 수 있고, 필요한 사람에게는 수입원이 되는 구조.
나는 여기서 궁상이라는 단어도 읽었다. 가난한 워홀러 신분의 나는 친구들과의 기분 좋은 난장 이후에도 반드시 병을 챙기곤 했는데, 일행의 병까지 하나둘 가방에 담아 오다 보니 일주일이면 금세 벽면이 빈 병으로 가득 찼다. '그냥 여기 두고 가면 되는데.'하고 말끝을 흐리던 일행의 말을 뒤로하고 병끼리 부딪치는 요란한 소리를 내며 집으로 걸어오는데 누군가 그랬다.

"그렇게까지 해야 하니. 생각보다 돈에 예민하구나."
무심코 내뱉은 그의 말에 병으로 가득 찬 가방이 더 무겁게 느껴졌다. 집으로 돌아와 서러움을 쏟아내는 나를 보며 H는 열을 냈지만, 그 이후에도 우리는 보란 듯이 빈 병을 담았고, 그 술을 다 마신 사람들처럼 킬킬거리며 베를린의 여름밤을 활보했다.

베를린은 화려하진 않지만, 일상이 매력적이고, 분위기에 겁뻑 죽지만 요란하지 않은 취향의 여행자들이 머무르기 좋은 곳이다. 그리고 그 중심에는 공원이 있다.

베를린의 공원은 '턱'하고 놓여 있다. '태초에 공원이 있었다'고 말해주는 것처럼 처음부터 그렇게 놓여있는 느낌이다. 파리의 정성스레 가꾸어놓은 정원이 세심하면서도 감성적인 남자친구 같다면, 베를린의 공원은 무뚝뚝하지만 자연스러운 매력이 있는 남자친구 같았다.

공원에서 가장 많이 한 일은 그림이었다. 소시지의 나라답게 베를린은 그림 문화가 발달하여 있다. 공원 잔디밭에 앉아 그림을 즐기는 사람들을 꽤 자주 볼 수 있고, 일회용 그

화려하지 않지만

매력적인

릴(Einweggrills)을 판매해 누구나 즉석에서 특별한 장비 없이도 그릴 문화를 경험할 수 있다.

우리도 평소 일회용 그릴을 애용했는데 어김없이 공원에 둘러앉아 소시지를 굽던 어느 날, 제품 홍보용 촬영을 하던 촬영팀이 새 그릴을 주고 가면서 더욱더 제대로 그릴을 즐길 수 있게 되었다. 하지만 모든 공원에서 그릴이 가능한 것은 아니었다. 최근에는 베를린 섬 옆에 위치한 몽비쥬파크에서의 그릴이 금지되었다. 그릴이 가능한 공원 내에서도 지정된 구역(Grillplatz)이 따로 있으므로 확인 후 자리를 잡아야 하며, 가능한 곳이라고 하더라도 나무 바로 밑은 피해야 한다.

다른 유럽 국가들과 비교해보면 베를린의 공원이 깨끗하다고 말할 수는 없다. 하지만 쓰레기를 버리고 가거나 나무, 꽃, 동물과 자연을 일부러 훼손하는 일도 거의 없다. 조금은 거칠지만 자연스럽고, 꾸미지 않지만, 그 안에서 특별함을 찾는 베를리너들의 모습이 공원에 그대로 드러나는 것 같다.

베를린에서 집을 구한다는 것

우리는 여행의 막바지만 되면 기진맥진한 얼굴로 서로를 바라보며 이렇게 외치곤 했다.

"집에 가고 싶다!!!"
'여행은 언제나 집으로 돌아오는 일'이라는 어느 작가의 말처럼 여행에서 돌아올 때마다 베를린에 '우리 집'이 있다는 사실이 참 근사한 일이라고 생각했다. 하지만 이렇게 'home sweet home'을 자신 있게 외칠 수 있는 일은 외국인의 신분으로 굉장히 축복이라는 사실을, 1년에도 네다섯 번씩 이사하는 친구들을 보며 어렴풋이 느낄 수 있었다.

나는 이미 어느 정도 자리를 잡고 있던 H 덕분에 베를린에 오자마자 정착할 수 있었지만, 유학원을 통해 오지 않는 이상, 한인 커뮤니티사이트를 통해 직접 발품을 팔아 WG(Wohngemeinschaft)라고 불리는 룸쉐어를 구하는 게 일반적이었다.

베를린 다이어리

우리 집처럼 집 전체를 구하려면 한인 커뮤니티사이트 보다는 독일 내에서 사용하는 부동산검색사이트를 이용하는 편이 좋다. 하지만 돈보다 문서를 더 중요시하는 독일 사람들에게 일자리가 없는, 그래서 일정한 수입을 증명할 문서가 없는 한국인이 방을 얻어내기란 쉽지 않다. 그들이 원하는 것은 최근 3개월간 수입이 적힌 독일계좌 내역과 schufa라고 불리는 신용조사기관의, 말하자면 신용등급이 필요한데 이 역시 독일에 도착한 지 얼마 안 된 외국인으로서는 거의 불가능에 가깝다.

하지만 간혹 우리 집 주인처럼 한국인에 대한 이미지가 좋거나 방세가 그리 비싸지 않은 집의 경우, 잔고 증명 정도로 계약이 가능한 일도 종종 있다.

독일 사이트에서 집을 구하기 위해서는 반드시 알아야 할 단어가 있다. 방세를 의미하는 Miete와 보증금을 의미하는 Kaution이 그것이다. Miete에는 Warmmiete와 Kaltmiete 두 가지가 있는데 Warmmiete는 전기나 가스, 수도 등의 공과금이 포함된 금액이고, Kaltmiete는 공과금이 포함되어 있지 않은 순수한 방 렌탈 비용이다. Warmmiete 안에 포함되는 항목은 집주인마다 다르므로 어떠한 요금이 포함되어 있는지 확인을 해보아야 한다. 우리 집은 인터넷을 따로 설치해야 했고, 공과금이 50유로 이상 나올 경우 초과하는 금액은 따로 지급해야 한다고 계약서에 명시되어 있었다.

불행 중 다행스럽게 독일의 보증금은 우리나라보다 꽤 합리적인 편이다. 일반적으로 한 달에서 많게는 석 달 정도의 월세가 보증금으로 책정된다. 계약이 만료되거나 다른 집을 구해 이사를 나가야 할 때 큰 문제가 없다면 돌려받을 수 있다.

내가 직접 몸으로 느낀 어려움은 아니지만, 외국에서 집을 구한다는 건 정말 어려운 일이다. 현지에 도와줄 친구가 없다면 초반에는 많은 고생을 해야 할지도 모른다. 나도 H가 없었다면 지금과 같은 생활은 절대 할 수 없었을 것이다. 하지만 한 가지 위안으로 삼을 수 있는 건 수많은 문서를 준비하는 과정과 친절하지만 철저한 베를린 사람들을 겪다 보면, 베를린 생활의 5할은 이미 경험해본 셈이며 이것보다 어려운 일은 아마 거의 없을 거라는 점이다.

아빠가 울었다

아빠가 울었다. 베를린에 온 지 6개월째 접어들던 8월 20일. 아빠의 생일이었다. 축복받으며 떠나온 건 아니었지만, 아빠의 생일만큼은 얼굴을 비치고 싶었다. 화상통화로 생일 축하 노래를 부르려고 미리 산 조각 케이크를 꺼내온 참이었다.
"아빠 이거 내가 산 케이크야. 내가 먹으려고 샀어." 하는데 갑자기 술에 취한 얼굴을 아이처럼 구기며 흐느꼈다. 아빠의 등짝을 때리는 엄마의 목소리를 끝으로 전화는 끊어졌다.

지금도 한 성격하는 아빠지만, 내 어린 시절 아빠는 정말 무서운 사람이었다. 성격은 얼마나 불같은지 건조주의보 같은 얼굴에, 눈에선 쌍심지를 켠 성냥이 왔다 갔다 했다. 어쩌다 방문이 쾅 하고 닫힐 때면 다시 나와 조심스레 닫는 시늉을 해야 했고 불만의 표시로 발소리를 쿵쿵댄 날에는 온종일 눈에 띄지 않는 편이 좋았다. 사춘기라는 단어를 소리 내어 읽는 것조차 허용이 되지 않는 분위기 속에서 나는 꽤 온순하게 자랐다. 아빠는 나에게 토요미스터리극장만큼 무서운 존재였다.

귀신보다 사람이 더 무섭다는 것을 아는 나이가 되었다. 늙지 않을 것 같던 아빠도 이빨 빠진 호랑이(엄마 말로는)가 되었다. 눈물을 보이는 횟수도 많아졌다. 할아버지가 돌아가신 이후로는 눈을 더 자주 깜박였다. 언제부터인가 아빠가 무섭지 않다는 생각을 했다. 나에게 아빠를 염두에 두지 않는 선택이란 여전히 없었지만, 이전만큼 아빠의 반대가 무서워 내가 하고 싶은 일을 포기하는 일은 없었다.
물에 젖은 성냥엔 불이 잘 붙지 않았다.

전화를 끊고 미처 붙이지 못한 초를 보다가 케이크를 집어 들었다. 손바닥만 한 케이크 한 조각이 목에 걸려 캑캑 기침이 나왔다.

"망할, 독일은 케이크도 퍽퍽하네."

가는 곳마다 햇살이 비추는 날씨와는 달리 여름을 지배하던 나의 감정은 우울이었다. 마치 나도 베를리너인 양 살랑이던 봄이 지나고 35도를 넘나드는 무더운 날씨 속에서 마룻바닥에 드러누워 가만히 시계의 째깍대던 소리를 듣고 있던 8월의 어느 날.

8월의
어느 날,

베를린
다이어리

문득 '1년이의 시간이 나에게 무슨 의미가 있을까.'하는 생각이 들었다. 수많은 유학생과 입시생 사이에서 뚜렷한 목적 없이 1년의 세월을 보내기 위해 온 나는 도피자에 불과

하지 않은가. 베를린에 오면 하려고 계획했던 일들도 일상에 덮여 희미해져 가고 있었다. 무엇보다 아무것도 남기지 못하고 돌아갈 나 자신이 두려웠다. 이곳에서의 생활을 결과물로 남겨야 한다는 강박과 불안이 한꺼번에 몰려왔다. 시간은 기억이 아니라 기록으로 남는 것이었다. 아무것도 기록하지 않은 베를린에서의 시간은 한국으로 돌아가면 다 사라질 뿐이라는 생각이 들었다.

방바닥에서 몸을 일으켜 카메라를 집어 들고 무작정 밖으로 나갔다. 밤 9시는 되어야 해가 지는 여름의 베를린은 카페, 공원, 길거리 할 것 없이 늘 사람들로 붐볐다. 특히 다양한 편집숍이 모여 있는 Weinmeister straβe역 근처는 한껏 멋을 부린 베를리너들로 넘쳐났고, 방에 누워있던 차림 그대로의 내가 더욱 초라하게 느껴졌다.

기분 탓이었겠지만 그날따라 사진도 원하는 대로 찍히지 않았다. 아무도 내 모습을 신경쓰지 않았지만 괜한 자격지심에 집 앞 카페로 발걸음을 돌렸다. 그리고는 할 일이 없을 때마다 기록을 해두었던 일기장을 꺼내 베를린에 도착해서 지금까지의 특별할 것 없는 일상들을 훑어보았다.

일기장 속 나는 집 앞 카페에서 상영하는, 알아듣지도 못하는 독일영화를 보며 옆 사람을 따라 웃기도 했고, C가 망가트린 선반에 회반죽을 붙이며 집주인 눈치를 보기도 했었다. 우리는 한 병에 28센트짜리 싸구려 맥주를 마시며 허망한 꿈을 이야기하다가도, 버려진 맥주병을 배낭 한가득 담고 걸으며 킬킬대기도 했다. 카페에서 일하다 밤 10시가 되어서야 집으로 돌아가는 날

들이 태반이었지만 우리 집에 머물다 간 친구들과의 행복했던 시간도 거기에 있었다. 호들갑 떨지 않고 베를린에서 무사히 보낸 날들의 기록이었다.

헛웃음이 나오기도 하고 괜스레 코끝이 찡해지는 일기를 읽으며 생각했다. 보여주기 위한, 남기기 위한 시간을 보낼 것이 아니라 지금까지처럼 하루하루 느낀 그대로를 기록하면서 스스로 집중하는 시간을 갖자고. 1년 뒤에는 1년을 보낸 내가 남을 테니 지금 느끼는 이 불안도, 그리고 베를린을 향한 숨길 수 없는 설렘도 있는 그대로를 느끼자고. 조금은 가벼워진 마음으로 카페를 빠져나와 바라본 베를린의 거리는 반짝반짝 빛나고 있었다.

혼욕. 듣기만 해도 체온이 2도는 후끈 올라가는 것 같다. 남녀가 한 공간에서, 심지어 실오라기 하나 걸치지 않은 태초의 모습으로 사우나를 즐기는 문화라니. 어딘지 남사스러우면서도 눈을 가린 손가락 사이로 몰래 훔쳐보고 싶은 기분이 든다.

벗으라면

벗겠어요

많은 이들의 호기심을 자극하는 독일의 혼욕 문화는 크게 FKK(Freikörperkultur)라는 자연주의 문화 중 하나로 사우나 외에도 수영장, 해변, 클럽, 체육관 등 허용된 곳에서 맨몸으로 활동할 수 있다.

무더운 여름, 베를린에서는 자주 자연 상태의 사람들을 목

격할 수 있는데, 처음에는 의도하지 않은 첫 경험에 꽤 당황하기도 했다. 대단한 누드 비치에 간 것도 아닌데 공원에서 알몸으로 일광욕을 즐긴다거나 호수에서 벌거벗은 채로 수영하고 있었다. 외국 남성의 날것을 처음 두 눈에 담았을 때의 충격이란! 시선은 정면을 응시하고 있지만 온 신경을 흰자에 집중시켰다. 아무렇지 않은 척 턱을 꼿꼿이 세웠지만 두 입술은 빠르게 '두시 방향, 두시 방향'을 말하고 있었다. 어차피 크게 말해도 못 알아들을 테였지만 일종의 예를 지킨 의식이었다고 할까.

지금이야 어느 정도 익숙해졌지만, 그 문화에 동참하기는 여전히 부끄러운 게 사실이다. 이왕 벗을 거면 핫바디로 동양인을 대표해주고 싶지만, 여성전용 사우나만 이용하는 걸 보면 그럴 일은 없을 것 같다.

하지만 이런 나도 가끔은 자연으로 돌아가고 싶을 때가 있다. 어느 외국영화 속 여주인공처럼 머리를 길게 늘어트리고 해안가를 걷고 싶어질 때 말이다. 외국생활의 장점은 영화의 주인공이 될 수 있다는 점이 아닐까. Schlachtensee는 그런 의미에서 최적의 장소라고 할 수 있다. 호수를 둘러싸고 있는 산책로만으로는 이곳을 설명하기에 부족하다. 호수를 바라보고 있는 언덕은 마치 푸른 잔디로 만들어진 백사장 같다. 비키니 차림으로 일광욕을 즐기는 사람들 사이에 자리를 잡고 앉으면 반대편 숲에서부터 선선한 바람이 불어온다. 소란스럽지 않아 잔잔한 물결처럼 시간 위를 유영할 수 있다.

호수에는 아이와 아빠가 물장구를 치고 배가 볼록 나온 임산부도 몸에 물을 적신다. 호수의 적당한 온도와 깊이는 안정감을 주고, 저기 먼 곳에서는 Stand Up Paddling을 즐기거나, 나무 위에서 다이빙하며 각자의 시간을 보낸다. 비교적 사람들의 시선이 닿지 않는 호숫가에서는 FKK를 즐기는 사람들도 있다.

만일 나에게 영화의 여주인공이 될 기회가 온다면 〈블루라군〉의 브룩쉴즈처럼 실오라기 하나 걸치지 않고 머리를 길게 늘어트린채 이곳을 걸으리라! 상상을 하며 따사로운 햇살에 눈을 감는다.

베를린에서의 삶이 좋은 점은 내가 원하는 속도로 살아갈 수 있다는 점이다. 베를린은 저마다 독특한 문화를 가진 다양한 '구'로 나누어져 있으므로 자신의 취향과 템포에 맞는 지역을 선택해 살아갈 수 있다. 나라고 베를린의 모든 지역을 훤히 알고 있는 것은 아니지만 가장 일반적인 기준으로 분류하자면, 트렌디하고 팬시한 분위기의 Prenzlauerberg과 Mitte, 클러버, 예술가들이 사랑하는 Kreuzberg과 Neukoeln, 터키인들이 터를 잡은 Wedding, 비교적 학생들이 많은 Wilmersdorf와 Charlottenburg 정도로 나눌 수 있다.

이 외에도 땅이 넓은 베를린은 서독과 동독의 상반된 분위기를 띠는 곳들이 있다. 그중에서도 서독에 해당하는 Zehlendorf에 3개월간 지낼 기회가 있었다. Zehlendorf는 분단 당시에 미군들이 거주하던 아파트가 모여 있는 곳으로 비교적 소득수준이 높은 가구가 사는 지역이었다. 주변에 큰 연못과 숲, 산책로가 전부인 Zehlendorf에서의 속도는 다른 곳과는 조금 달랐다. 아침은 더 빨리 시작되었고 저녁은 고요했다. 인적이 드문 창밖에선 바람에 흩날리는 나뭇가지와 새소리가 자주 들려왔다.

행복을 느끼는

삶의 속도

베를린 다이어리

이곳에서 지내는 동안 참 많이 걸었다. 일부러 약속 시각보다 한두 시간은 더 빨리 나와 걷는 게 습관처럼 되었다. 대중교통이 없는 건 아니었지만 그러는 편이 더 잘 어울리는 곳이었다. 그냥 무작정 걷다 보면 갑작스레 숲이 나타나기도 하고 실오라기 하나 걸치지 않고 수영을 하는 사람들도 보였다. 목적 없이 걷는 게 목적이 되다 보니 걸으면서도 다양한 걸 할 수 있게 되었다. 라디오를 듣기도 하고 자연이 만들어낸 소리를 휴대폰에 담기도 하고, 그날그날의 기분에 맞는 음악을 BGM 삼아 모노드라마를 찍기도 했다. 새어 나오는 웃음을 참으며 걷다 보면 내가 베를린에 있다는 사실이 견딜 수 없이 좋았다.

Zehlendorf에 머물면서 깨달은 건 나는 이 정도의 속도에 행복을 느끼는 사람이라는 점이었다. 시간 위를 내달리면서도 늘상 시간에 쫓기기만 했던 지난날들을 떠올렸다. 내 옆을 지나쳐 달려가는 사람의 뒷모습을 보며 생각했다. 걷다가 쉬다가를 반복하는 지금의 나는 그때의 나와 얼마나 멀어져 있을까.

또 한 번

**베를린에
빠져들었다.**

2015 UEFA 챔피언스리그 결승전이 있던 6월 6일. 축구의 나라답게 베를린 곳곳에서는 다양한 관람 행사가 열렸다. 유벤투스가 어느 나라 팀인지도 모르던 나 또한 분위기에 이끌려 지인들과 단체 관람을 하기로 했다.

Badeschiff

우리가 향한 곳은 Spree 강 위에 떠 있는 Floating 수영장 Badeschiff였다. 이른 시간에 도착했는데도 불구하고 많은 사람이 수영장 앞을 메우고 있었고 오랜 기다림의 끝에 입장한 내부는 상상 이상이었다.

Badeschiff의 진면목은 2M 수심의 플로팅 수영장보다 해수욕장을 그대로 옮겨놓은 듯한 모래사장에서 느낄 수 있었다. 베를린이라는 도시의 다양한 매력에 놀랄 때가 많은데 도시 한가운데 강 위에 떠 있는 수영장과 모래사장이라니. 썬배드와 모래사장에 누워 태닝을 하는 사람들의 모습에서 이곳이 정말 베를린인가 하는 의심마저 들 정도였다.

Badeschiff는 대형 콘서트장인 아레나 홀과 아레나 클럽, 다양한 전시가 열리는 Glashaus 등 대형 문화복합공간이라고 할 수 있는 Arena Berijn의 야외 수영장으로, 바다가 없는 베를린에서 나름의 해수욕을 즐길 수 있는 곳이라고 할 수 있다. 평소에는 사진이 금지되어있지만, 하이네켄에서 행사를 진행하고 있던 이 날만큼은 자유롭게 사진을 찍을 수 있었다.

축구 경기는 안중에도 없던 나는 이곳을 이탈리아의 한 바 닷가로 만들어버리는 베를리너들의 모습을 눈에 담느라 정신이 없었다. 비키니의 문제가 아니었다. 겨우내 차분한 공기에 쓸쓸한 느낌마저 들던 사람들이 여름 햇볕 아래에서는 반짝반짝 빛이 났다. 어디에 있든 그 분위기를 자아내는 사람들 속에서 나는 또 한 번 베를린에 빠져들었다.

**바람이
머무는 곳,**

**Pinzessinnen
Garten**

35도까지 올라가는 베를린의 무더운 여름. 선선한 바람이 불어오는 곳이 있다. 15도의 서늘한 바람이 불어오는 베를린의 가을, 시간이 멈춘 듯 햇살이 머물다가는 장소가 있다. Kreuzberg의 Prinzessinen garten에서는 여름과 가을, 이 계절을 최상의 컨디션으로 만끽할 수가 있다.

Prinzessinen garten은 2009년 지역주민들이 모여 Kreuzberg, Prinzessinen strasse의 비어있는 땅에 만든 작은 농장이다. 유치한 네이밍이라는 생각이 들지만 직관적인 것을 좋아하는 베를린의 정서에 딱 맞는 것 같기도 하다. Prinzessinen garten은 개인 정원이 아닌 공동의 열린 텃밭의 느낌이 더 강해 자유로운 분위기 속에서 푸른 숨을 쉬거나 농장 속 작은 카페에서 간단하게 배를 채울 수도 있다.

카페의 메뉴는 여느 카페에서나 볼 수 있는 음료로 구성되어있지만 허브 티를 주문할 경우 텃밭에서 직접 허브를 따와 마실 수 있는 특별한 경험을 할 수 있다. 나는 주로 푯말에 Koreanische Minze라고 쓰여 있는 민트를 손으로 똑 따서 꿀을 적당히 넣어 마시곤 했는데 그럴 때면 한국이 그리워지는 기분이 들었다.

베를린 다이어리

Prinzessinen garten에서는 텃밭 가꾸기 외에도 다양한 체험 프로그램이 진행되고 있었다. 매주 목요일과 토요일에는 퇴비를 만드는 방법, 생물의 다양성 등 다양한 교육이 진행되는데 자신의 손을 흙으로 더럽히고 싶은 사람들을 환영한다는 문구만으로도 이곳의 분위기를 짐작할 수 있었다. 특히 격주 일요일에 열리는 프리마켓에서는 농약이나 인공비료를 사용하지 않은 신선한 유기농 토마토, 콩, 감자도 구입할 수 있고 옷이나 책까지 등 다양한 물건을 구경하는 재미도 쏠쏠했다.

베를린에서는 Prinzessinen garten처럼 환경에 대한 관심의 결과물을 마주하게 되는 경우가 종종 있다. 유럽 내에서 가장 많은 채식주의자가 존재하고, 원자력발전소 폐기, 에너지절약운동 등의 활동을 하고 있는 녹색당이 큰 지지를 받고 있는 나라라는 점을 고려해보면 당연하게 느껴지기도 한다. 환경을 대하는 태도에서부터 나오는 건강한 마음이 지금의 베를린을 만든 것은 아닐까.

베를린 속

작은 태국,

Thai Park

"베를린에 이런 곳이 있단 말이야?"
Thai Park는 프로이센 공원에서 열리는 야외 먹거리 장터다. 처음에는 그저 태국 식료품이나 파는 마켓이겠지 생각했는데 공원에 앉아 태국 음식을 팔고 있는 아주머니들의 모습은 한국의 광장시장을 야외로 옮겨놓은 듯한 풍경이었다.

넓고 푸른 잔디 위 저마다 펼쳐진 알록달록한 파라솔은 묘한 조화를 이루고, 규칙 없이 둘러앉아 음식을 사고파는 자연스러운 모습에 주변 눈치를 살피던 나도 어느새 편하게 자리를 잡았다. 커다란 나무 그늘에 작은 블랭킷을 펼치고 와인 한 병과 휴대용 와인 잔, 일행이 방금 사 온 튀김 몇 개

와 쌀국수, 치킨까지 올려 두니 제법 근사한 피크닉이 되었다.

Thai Park는 정해진 날짜 없이 볕 좋은 일요일, 정오가 되면 하나둘 파라솔이 펼쳐지면서 완성이 된다. 아주머니들이 직접 집에서 만들어온 홈메이드 음식들로 튀김에서부터 만두, 쌀국수, 닭강정, 각종 샐러드, 볶음면, 춘권, 코코넛까지. 다양한 태국 음식을 저렴한 비용으로 즐길 수 있다.

그늘에 누워 기분까지 시원해지는 노래를 듣다 보니 어느덧 해가 가장 뜨거운 오후 3시가 되었다. 이미 1차 흡입을 끝내고 낮잠까지 늘어지게 자고 난 뒤라서 그런지 나를 둘러싼 모든 풍경이 아름답게만 보였다. 친구들과 공원 위에 드러누워 여름날을 즐기는 사람들, 맥주로 다져진 뱃살(Bier Bauch)를 뽐내며 일광욕을 즐기는 아저씨들, 잔디밭을 뛰어다니며 아빠와 잡기 놀이를 하는 아이들. 새벽부터 일어나 밤 10시가 다 되어 퇴근하던 날로 돌아간다 해도 이런 하루를 보낼 수 있다면 위안이 될 것 같은 풍경이었다.

그래. 언젠가 한국에 돌아가서도 이렇게 완전한 여유를 가질 수 있는 하루쯤은 남겨두어야지.

베를린 다이어리

"이 다리 위에서 보는 노을이 가장 예뻐요."
박물관 섬의 초입인 역사박물관에서 보데미술관까지 이어진 예술마켓을 보고나니 어느덧 해가 지고 있었다. 다섯 개의 박물관이 강으로 둘러싸여 마치 섬과 같다고 해서 이름 붙여진 박물관 섬. 그중에서도 H는 보데미술관(Bode Museum)과 몽비쥬 파크(Monbijou Park)를 잇는 작은 다리 위를 가장 좋아한다고 말했다. 몽비쥬 다리(Monbijou brücke)는 큰 규모의 다리는 아니었지만 슈프레강 위로 지는 해를 바라보기에는 최적의 장소라는 생각이 들었다.

서툰
스텝

베를린 다이어리

H가 그랬던 것처럼 1년 후의 나도 친구들과 항상 이곳을 찾았다.

몽비쥬 다리(Monbijou brücke) 위로 어둠이 찾아오면 다리 밑 Strand Bar에 하나둘 조명이 켜진다. 지는 노을을 바라보며 차분해진 마음으로 불빛을 따라가면 어느새 슈프레강 옆 작은 무대에는 살사, 탱고, 왈츠를 추는 사람들, 잔디밭에 앉아 맥주 한 병 들고 무도회를 즐기는 사람들로 붐볐다. 자유롭게 언덕이나 테이블에 앉아 관람하는 건 무료. 5유로를 내면 무대에 오를 수 있다.

비가 종일 내리기 시작하는 가을이 오면 Strand Bar의 시즌이 끝이 난다. 지금부터는 Clärchens Ballhaus에서 즐길 차례다. 아무리 분위기가 좋아도 특별한 이유가 없으면 잘 가지 않게 되는 장소들이 있는데 Clärchens Ballhaus가 나에겐 그랬다. 그러다 한국에서 출장차 베를린에 왔다는 포토그래퍼를 만날 명분으로 우리는 드디어 이곳을 찾았다.

베를린 다이어리

분위기 좋은 와인바가 밀집된 August straβe는 거리 자체만으로도 충분히 힙하지만 Ballhaus 외관만으로도 눈길을 사로잡았다. 폐건물 같은 외관과 GIPSY RESTAURANT 푯말이 으스스한 분위기를 연출했다. 약간의 긴장감을 가진 채 문을 열고 들어서니 무도회장을 감도는 공기와 음악, 흠뻑 젖은 사람들로 종전의 의심은 온데간데없이 사라졌다. 내부는 예약하지 않으면 자리를 잡기 어려울 정도로 가득 찼고, 단정한 차림의 손님들은 자리를 잡자마자 코트 속에 감춰두었던 복장을 드러냈다.

운이 좋게 탱고 강사들과 한 테이블에 앉은 우리는 약간의 강습을 들을 수 있었고 나름대로 탱고 무대를 펼쳤다. 이 무대가 처음이든 마지막이든 우리를 신경 쓰는 사람이 아무도 없다는 황홀감. 구름 위에 둥둥 떠 있는 것처럼 서툰 스텝을 밟았다.

Ⅲ. 가을

내가
좋은대로
살면
그만

사소하고 소소한 일상

M이 보내준 사진 파일을 이제야 열어보았다. sunshine berlin이라는 폴더가 있길래 나 몰래 어디를 다녀왔나 싶어 봤더니 우리가 함께 지냈던 일상이 거기에 있었다. 햇살 가득했던 9월의 베를린이 그대로 담겨있었다.

아직은 여름의 햇살을 머금고 있던 9월, M은 찾아왔었다. 자기 키만 한 배낭을 메고서는 길쭉한 다리로 성큼성큼, 씩 씩하게 걸어왔다. 환하게 웃어 보이는 M의 구김 없는 얼굴은 그간의 외국생활로 구겨진 빨래 같던 내 마음에도 볕을 내어주는 것 같았다.

M이 머무는 동안 우리는 그 흔한 관광 명소도, 맛집도 함께 간 적이 없었지만, 여행의 시간을 일상의 공간에 기록했다. 새로 산 가을맞이 커튼을 걸며 계절을 갈아입었고, 먼지가 뿌옇게 쌓인 다락에서 각자의 취향이 담긴 LP를 찾아 듣기도 했다. 갑자기 내리는 소나기에 걱정이 되어 문 앞에서 기다리던 밤, 저 멀리 머리에 비닐봉지를 뒤집어쓴 채 걸어오는 M의 모습에 껄껄대기도 했다. 특별할 것 없는 날들이었지만 집 안 구석구석 M의 흔적이 그날의 추억처럼 쌓였다.

베를린을 떠난 이후로 너무 외롭다는 N의 메일도 읽으면서 아직 다 지나지도 않은 베를린의 가을이 그리워졌다.

마우어파크에서 사온 어느 밴드의 CD를 재생한다. Autumn -came. 멜로디가 흘러나오면 엉겨 붙은 머리를 질끈 말아 올린 채 커피를 내린다. 어설픈 독일식 아침을 준비하고 나면 방문을 열고 "N아~. 아침 먹자." 하고 부른다.
N과의 하루는 늘 이렇게 시작되었다. 사진에 담기도 민망할 정도로 소소하고 평범한 하루. N은 그런 나의 꾸밈없는 일상을 그대로 담아주었다. 사진 속 나는 대부분이 화장기 없는 얼굴로 후리스를 목 끝까지 채워 입고 있었지만 가장 나다운 모습이기도 했다. 어쩌면 이곳에서의 가장 그리운 순간들은 이런 특별할 것 없는 일상일 테니 사진으로, 기억으로, 머리에, 가슴에 담아두고 싶었다. 그리고 먼 훗날 이 사진들을 꺼내어 본다면 N과 함께 떠오를 것 같다. 사진은 스스로 남겨지는 게 아니니까.

베를린을 추억하는 방식

일부러 베를린까지 찾아와준 친구들이 돌아가고 난 다음 날이었다. 마음이 조금 헛헛했지만, 게스트하우스를 하면서 친구들이 돌아가고 난 뒤에 겪는 흔한 증상 같은 거였다. H는 빨래를 널고 있었고 난 언니·오빠들과 보냈던 시간을 기록하기 위해 노트북을 켜던 참이었다. 그제야 카메라에 담은 친구들의 모습이 없다는 걸 깨달았다. 집에서라도 좀 찍어둘걸.

오랜 기간 우리 집에 머물던 친구들이 돌아가고 나면 흐트러진 일상을 정리하고 감정을 추스르는 건 언제나 나의 몫이었다. 눈을 돌리는 곳마다 함께한 시간이 쌓여있었고 이별의 아쉬움이 발에 차였다. 매트리스를 정리하고 청소기를 돌리며 덤덤히 일상을 다잡는 일을 수없이 반복하면서 나의 베를린은 만남이 아닌 헤어짐으로 이어져 있다는 생각을 했다.

"어? W한테 메시지 왔다."

W는 6월 일주일간 우리 집에서 머물다 간 친구였다. 일러스트레이터 아방의 '미쳐도 괜찮아 베를린'이라는 책을 보고 온 오로지 베를린만을 위한 여행자였다. 한국으로 돌아간 지 3개월 만에 온 안부 메시지였다. 현실에 치여 지내다가 우연히 내가 여행 잡지에 기고한 기사를 보고 베를린에서의 시간이 다시 떠올랐다고 했다.
"제가 언제 여행 다니면서 그렇게 자유로웠나 싶더라고요."

베를린 다이어리

베를린을 생각하면서 우리만큼 용감하고 자유로운 사람도 없다는 말을 덧붙이는 W의 메시지에 눈물이 핑 돌았다. 베를린에 왔던 친구들이 이곳을 추억하는 방식에 나와 H가 있다면 그걸로 된 거라는 생각이 들었다. 그게 게스트하우스를 지속하는 이유였다.

베를린에도 가을이 왔는지 피부에 닿는 찬바람에 몸이 먼저 계절을 느낀다. 우리 집 게스트하우스도 가을을 맞기로 했다.

수식 없는 삶

베를린에서는 거리에 Verschenken(기증)이라 적힌 종이와 함께 그릇, 책, 신발, 장난감 등이 놓여 있는 것을 종종 볼 수 있다. 베를린의 혹은 독일의 특별한 문화 중 하나인 Verschenken은 내가 생각하는 독일인들의 삶과 맞닿아 있다.

다른 사람의 일상에서 위안을 받지도, 내가 가진 것을 과시하지도 않는 그들의 모습을 보면서 나의 가치관도 점점 변해갔다. 오래된 것을 함부로 하지 않지만 나에게 불필요한 물것은 과감하게 기증하는 문화. 여전히 옷 못 입기로 소문난 독일의 이미지는 멋보다는 실용성을 추구하는 태도, 불필요한 것은 사지 않는 생활습관에서 나온 것이 아닐까 하는 생각이 들었다.

사진 한 장이 내 삶을 대변해 준다고 생각했던 적이 있었다. 감각 있는 사진들 속에서 촌스러운 취향을 가진 나의 자존감은 바닥을 쳤다. 베를린에 온 후에도 한동안은 이 고민이 지속하였었다. 예쁘게 차려입고 에펠탑 앞에, 런던아이 앞에 서 있는 여행자들을 보면서 화려하지 않은 베를린에서의 내 일상이 보잘것없다는 생각을 했다.

하지만 봄, 여름이 지나고 세 번째 계절을 맞으면서 수식 없는 삶에 조금씩 익숙해져 갔다. 전등 대신 촛불을 켜면서도 화분을 채우는 일에는 돈을 아끼지 않고, 보일러를 틀기보다는 옷을 두껍게 입으면서도 따듯한 와인 한잔은 꼭 마시는 사람들을 보면서 '좀 촌스러우면 어때 나만 행복하면 그만이지.'라는 생각을 했다. 사진으로 어떻게 남길지 고민할 것이 아니라 그 분위기를 즐기는 데에 돈을 지급하는 방법을 배웠다.

자신의 취향대로 자신을 가꿀 줄 알고, 가치 있다고 생각하는 일에 돈을 쓸 줄 아는 사람들 속에서, 진정 소유하는 것이 어떤 것인지 조금씩 배워가고 있다.

베를린으로 오기 전 4개월 정도 호주 유학원에서 아르바이트했었다. 독일 워킹홀리데이에 대한 정보가 많지 않았기에, 차선으로 호주 유학원에서 다른 사람들은 어떤 마음으로 '워홀'을 떠나는지, 어학이 되지 않을 경우 어떤 실패를 하는지, 최악은 무엇이고 최선은 무엇인지에 대한 정보를 얻기 위해서였다.

실패하기 위해

떠나는 사람

"왜 알바를 하려고 해? 우리 정직원도 뽑는데."
아르바이트를 시작한 지 한 달 정도 지났을 무렵 원장님이 나를 불러 세웠다.
"내년에 독일로 워홀 가려고요."
원장님은 본심을 말하기 전에 질문을 덧붙이곤 했는데, 질문을 앞세운 비난인 경우가 많았다.
"미화 씨, 독일 가서 뭐하게? 그렇게 무작정 가면 실패해."
원장님은 나를 실패하기 위해 떠나는 사람처럼 생각하는 눈치였다.

호주 워킹홀리데이 성공사례에서는 하나같이 '목적이 분명해야 한다.'고 이야기하고 있었다. 크게 돈, 어학, 인턴십, 세 가지 중 하나만을 목표로 삼아야 성공할 수 있었고 각 목적에 맞는 다양한 성공담이 넘쳐났다. 얼마를 벌었고 영어 실력은 얼마나 향상되었는지, 외국인 친구를 몇 명이나 사귀었는지가 성공의 척도처럼 보였다.

나의 목적은 돈도 아니었고 어학도, 인턴십도 아니었다. '단 1년만이라도 내가 살아보고 싶은 대로 사는 것.' 하나였다. 살면서 잠시 숨을 고르고 뒤를 돌아봤을 때, 웃음 지을 수 있는 기억을 남기려는 것뿐이었다.

만일 내가 워킹홀리데이 성공담을 쓴다면 나는 조금은 다른 이야기를 하고 싶다. 떠나지 못하는 친구들에게 무조건 떠나라고 용기를 줄 것이 아니라 떠나지 못하는 것에 괴로워하지 않아도 된다고 말하고 싶다. 떠나온 후에 자신의 선택에 대해 의심을 하는 친구들에게는 우리는 분명 후회하지 않을 거라고, 워킹홀리데이에는 성공도 실패도 없고 오직 경험만이 남을 거라는 말을 해주고 싶다. 독일어는 여전히 어렵고 벌어놓은 돈의 절반 이상을 쓴 나의 이야기도 괜찮다면 말이다.

역시,

**버티길
잘했다**

겨울이 채 되기도 전에 심한 감기에 걸렸다. 한국에서도 건조하면 곧잘 감기에 걸리곤 했는데 자다가도 목이 쩍쩍 갈라지는 베를린의 건조한 날씨에 온몸에 가뭄이 들었다. 입술은 다 터졌고 석회수 때문인지 피부도 거칠었다. 잠결에 일어나 물을 마시다 보니 깊이 잠들지 못하는 날들이 계속되었다.

엎친 데 덮친 격으로 보일러(Heizung)가 고장이 났다. 공과금이 포함된 집이었지만 일정 금액 이상을 사용하면 추가 요금(Nach Zahlung)을 내야 했기에 잘 켜지도 않는 보일러였다. 온종일 비가 내리던 10월의 어느 날, 갑자기 뜨거운 물이 나오지 않았다. 원인은 보일러 관에 물이 부족해서였는데 수리기사를 부를 생각에 출장비부터 걱정이 되었다.

다른 집에서 샤워하거나 끓인 물로 머리를 감으며 추위와 싸우던 2주가 지나고 집주인의 친구가 수리기사를 대신해 찾아왔다. 호스를 이리저리 자르더니 한숨만 푹푹 쉬던 그는 미안하다는 말만 남기고 돌아갔다.

황당해서 웃음밖에 안 나왔지만 달리 방법이 없었다. 주인에게 다시 연락했고 감기 핑계를 대며 하루라도 빨리 수리기사를 불러달라고 했다. 우리가 한 달 동안 쓰지 않은 보일러 비용을 돌려주던지 수리비를 대신 지급해달라는 요구도

덧붙였다. 그로부터 2주가 더 지난 11월 1일, 드디어 진짜 기사가 찾아왔다. 연장통에서 이것저것 신기한 것들을 꺼내 압력을 맞추고 보일러 관에 물을 흘려보냈다.

"얼마나 오랫동안 못 썼어?"
"한 달."
수리기사는 이해가 안 된다는 표정을 지으며 부품 하나를

교체했고 그 자리에서 써내려간 청구액이 적힌 영수증을 내밀었다. 다행히 지급인에는 건물주의 이름이 적혀있었고, 나는 300유로가 적힌 영수증을 들고 생각했다.

'역시 버티길 잘했다.'

내가

좋은 대로
살면

그만

(VERKAUFT) 귀국 짐 정리 Berlin - Kreuzberg
귀국하게 되어, 짐 정리합니다~ 구매 원하시는 분은 페메(페이스북 메시지) 부탁드립니다.
- 침대 30€
- 티 테이블 7€ 상당히 큽니다.
- 행거 5€ 두 개 있습니다.
- 독일어책 권당 1€

'독일 유학생 벼룩시장'이라는 페이스북 그룹에는 2~3일에 한 번꼴로 '귀국 짐 정리' 게시물이 올라온다. 한국으로 돌아가기 전, 짐을 최소한으로 줄이기 위해 저렴한 비용에 물품을 내놓는 유학생들의 커뮤니티인 것이다. 나 또한 돌아갈 날짜가 가까워져 오다 보니 '귀국'이라는 단어가 눈에 밟혔다. 많은 시간 살을 비비며 지내왔던 가구를 내놓는다는 게 서운할 것 같다는 생각을 하면서 방안을 둘러보았다. 나는 이 침대 위에서 얼마나 많은 꿈을 꾸었을까, 이 책상에는 얼마나 많은 고민이 쌓였을까, 이 창틀에는 어떤 시간이 걸려있을까.

대부분의 취향이 비슷한 H와 나도 다른 게 하나 있는데 H는 잘 버리지 못하는 사람, 나는 잘 버리는 사람이라는 것이다. 여기엔 '무엇이든' 이라는 전제가 붙으니 거의 모든 것에 대해라고 말할 수 있겠다. H가 프리마켓에서 사 온 물건을 보고 '버리지 못하는 쓰레기'라고 깎아내리거나 '심플하게 산다'라는 책의 제목을 들이밀며 '왜 안 버리냐'고 물어도 그녀는 '나중에 필요할 거 같아서가 답입니다.'라는 태도를 고수했다.

반대로 나는 별 고민 없이 물건을 쓰레기봉투에 담아버리는 인간이었다. 이런 성격은 베를린에 온 뒤로 더 심해졌는데 언제든 떠나야 하는 사람처럼, 떠나는 것이 당연한 사람처럼 살다 보니 짐이 될 만한 것들을 버리곤 했던 것이었다. 영화 〈500일의 썸머〉에서 머리칼을 스스로 싹둑 잘라버리는 썸머처럼 나도 한 번 씩 짐을 덜어냈다.

그러던 어느 날 H에게 편지를 쓰려고 보니 그 흔한 편지지 한 장, 예쁜 엽서 한 장 없다는 사실을 깨달았다. 어떤 삶의 방식이 정답이라고 말할 수는 없지만, 연습장을 북 찢어 편지를 쓰려는데 마치 속 빈 포춘쿠키가 된 것 같은 기분이 들었다.

"Meine Liebe. H야. 매번 버리지 못하는 쓰레기를 산다고 면박을 주다가 마땅히 편지 한 장 쓸 종이도 없다는 걸 깨닫고, 네가 쓰레기와 사는 건만은 아니구나 생각했단다. 그동안 구박해서 미안."

덜어내든, 더하든 그냥 자신이 좋은 대로 살면 그만인 것이었다.

안녕,
WinterZeit

안녕
Dublin

썸머타임이 끝나고 나니 갑자기 겨울이 되었다. 밤 10시까지 질 줄 모르던 해는 저녁 4시만 되어도 그 모습을 감추어 버렸다. 점심을 먹고 침대에 누워 영화 한 편을 보고나니 벌써 창문 밖이 어둑해져 있었다. 겨울이 왔다기보다는 밤이 찾아온 것 같았다. 며칠간 나만 멈춰있는 듯한 기분이 들었던 이유를 알 것 같았다. 나만큼은 베를린 날씨에 굴복하지 않으리라 다짐했건만 밤이 비처럼 내리는 이곳에서 내 기분도 어두워져 갔다.

어둠이 빨리 찾아오니 침대에 누워있는 시간도 많아졌다. 자도 자도 아침이 오지 않는 기분이었다. 잠에서 깨어날 방법은 여행을 떠나는 것, 하나였다.

"더블린에 왜 3일씩이나 머무는 거야?"

독일 비자가 떡하니 찍혀 있는데도 코치코치 캐묻는 입국심사에 조금 짜증이 나려는 참이었다. 항공원이며 호스텔

예약증까지 다 보여주었는데도 '흠…'하고 쳐다보길래 가방에 넣어두었던 사진을 몇 장 꺼내 보였다.

"영화 '원스' 촬영지 찾아가려고요."

인쇄해온 영화 원스의 스틸컷과 그동안 내가 진행했던 다른 영화의 프로젝트를 보여주며 설명을 해주니 그제야 "once, the movie?"라고 되묻는다. 그래요. 바로 그 원스라고요. 좀 전 보다는 누그러진 표정으로 'Romantic girl'이라는 심사원에게 인사를 하고 출국장으로 빠져나왔다. 영화 속 대출을 받으려는 뮤지션에게 시종일관 무뚝뚝한 표정을 유지하더니 자신의 기타연주를 보여준 후 승인을 내주던 은행원이 떠올라 피식 웃음이 났다.

Moved by Movie는 내가 진행하고 있는 프로젝트 이름이다. 영화 속에 나온 장소를 찾아가 주인공이 되어보는 것. 이 경험을 사진으로 남기는, 그냥 좋아서 하는 개인 프로젝트이다. 지금까지 파리 〈비포선셋〉〈미드나잇인파리〉를 시작으로, 런던 〈노팅힐〉〈클로저〉, 빈 〈비포선라이즈〉의 작업을 마쳤고, 이번 여행은 영화 〈원스〉의 촬영을 위한 것이었다. 나처럼 워킹홀리데이를 보내고 있는 M언니를 아일랜드 더블린에서 만났다. M언니는 해외통신원으로 만난 아일랜드 통신원이었다. 해외통신원은 외교부 워킹홀리데이센터에서 현지에 체류하고 있는 워홀러들을 대상으로 진행하는 제도인데, 유럽 내의 통신원끼리는 가끔 연락도 하고 여행도 하며 지내고 있다.

여행 첫날에는 더블린 시내구경과 기네스 맥주 공장 견학으로 간단하게 워밍업을 했다. 언니는 새초롬한 내 첫인상 탓에 숙소나 여행 스타일이 까다로울까 걱정했다고 했지만, 베를린 거지인생 8개월 차인 나에게 마음 놓고 뜨거운 물로 샤워할 수 있는 호스텔은 5성급 호텔이었다.

다른 곳보다 한 달 더 빨리 겨울이 시작된다는 더블린은 베를린보다 3도 정도 기온이 낮았다. 비가 내리는 날보다 내리지 않는 날을 세는 게 빠르다는, 익히 들었던 그 명성처럼 내내 비가 왔다. 여행 이튿날부터는 본격적으로 더블린 시내 로케이션을 돌아다녀야 하는데 급기야 인쇄해 온 영화 스틸컷이 비에 젖어버렸다. 우리는 임기응변으로 인터넷카페를 찾아 비가와도 끄떡없게 코팅까지 마친 후 더블린 시내를 종횡무진 누볐다. 안타깝게도 코팅이 안 된 얼굴은 빗물에 엉망이 되어갔지만, 시린 손을 후후 불어가며 거의 모든 촬영을 마칠 수 있었다.

그리고 다음 날 우리는 영화의 하이라이트라고 할 수 있는 Killiney 언덕으로 향했다. 우리는 계속해서 길을 헤맸지만, 카메라를 들이대는 모든 장소마다 영화의 스틸컷 같다며 웃었고 거짓말처럼 비가 단 한 방울도 내리지 않았다.

영화 속에서 남녀 주인공은 결국 재회하지 못하고 이별하게 된다. 하지만 이들의 이별이 슬프지만은 않은 건 서로를 같은 노래로 기억할 수 있기 때문일 것이다. 그리고 M언니와 내가 서로를 기억할 때 이렇게 근사한 영화가 함께 떠오른다는 건 정말 멋진 일이라고 생각했다.

관계의
온도

베를린의
온도

애당초 베를린에 단 1년만 머물 계획이었던 나는 이곳에서 돈을 벌 생각이 전혀 없었다. 한국에서 프리랜서 일을 받아 올 정도였으니까. 하지만 그런 내가 어쩌다 티하우스에서 일하게 되었는지를 이야기하려면 지난 8월, 우울의 시기로 거슬러 올라가야 한다.

당시에도 한국에서 받아온 일은 꾸준히 하고 있었지만, 문득 이 나라에서 돈 한번 못 벌어본 게 억울하다는 생각이 들었다. 매일 달라지는 환율에 전전긍긍하지 않고 이 나라

의 물가 그대로를 누리고 싶었다. 안 될 거라는 예상은 했지만, 한인 식당, 청소업체, 카페 등 열 군데 정도 이력서를 넣었다. 하지만 며칠을 기다려도 연락이 없었다. 비자가 6개월밖에 남지 않은 나를 써줄 곳은 없어 보였다.

메일을 보냈다는 사실도 잊어갈 때쯤, 그러니까 석 달 정도가 지난 11월, 전화 한 통을 받았다. 티하우스였다. 티하우스는 한국식 찻집으로 전통차 외에도 비빔밥, 불고기 정도의 간단한 식사를 파는 곳이었다. 수화기 너머 아직 일할 마음이 있냐는 질문에 다음 날 찾아가기로 하고 전화를 끊었다. 좋은 기회라고 생각했지만, 비자가 4개월밖에 남지 않은 상황이었다.

"사실은 못하겠다고 말씀드리려고 왔어요."

화로 말해도 됐을 테지만 일단은 티하우스로 찾아갔다. 그래도 거절은 얼굴을 보고 해야 한다는 전 직장 상사의 말이 떠올랐기 때문이었다. 거리 핑계를 댔다. 실제로도 길게는 한 시간 정도 걸리는 거리였다.

"비자도 4개월밖에 남지 않았고…" 말끝을 흐렸다.
"비자 연장할 마음은 없어요?"
당연히 있었다. 문제는 언제나 돈이었다. 새로운 비자를 받기 위해서는 천만 원 정도가 필요했다.
"아쉽네. 정말 아쉽네. 그 대신 대화나 좀 하다가요."

자리를 옮겨 좀 더 편한 대화를 이어나갔다. 이따금 손님이 찾아와 대화가 중단되다 이어지다를 반복했다. 개인적인 이야기보다는 꼭 베를린이 아니더라도 인생을 살면서 지녀야 할 것들에 대한 이야기들이 오갔다. 많은 친구를 만나고 떠나보낸 사장님의 25년이라는 시간이 만들어낸 화법일 거라는 생각이 들었다.
한 시간쯤 지났겠지 하고 시간을 보니 벌써 3시간이 지나

있었다. 문을 열고 들어선 순간부터 시간이 느리게 흐르는 것 같았다. 실내는 따듯했고 온기가 돌았다.

"아쉽지만 다른 사람을 구해볼게요. 정 안 구해지면 다시 연락할게요."

문을 나서자마자 늦가을의 찬 공기가 피부에 와 닿았다. 인연이 닿는 모든 관계에 온도가 존재한다면 베를린 온도는 딱 이 정도가 아닐까 하는 생각이 들었다. 나는 베를린을 봄같이 사랑했지만 정작 이곳은 나에게 11월의 온도를 유지해왔다. 나름의 외국 생활로 단단해졌던 마음이 몇 시간의 대화로 물러지는 것 같았다. 짧은 입김을 내쉬며 방금 걸어온 길 쪽으로 몸을 돌렸다. 티하우스의 불빛이 어둑해진 가을 밤거리를 밝히고 있었다.

이틀이 지난 토요일 오후, 전화가 잘 걸려오지 않는 독일 휴대폰에 표시된 발신자를 보고 얼른 통화버튼을 눌렀다.

"거리가 좀 멀지만 와서 도와줄 수 있어요?"
"네, 해볼게요."

한 번씩은
해본다는

새벽
줄서기

본격적으로 일을 시작하기 위해서는 몇 가지 준비해야 할 것들이 있다. 감염보호법에 따라 일종의 보건 교육을 받은 후에 주어지는 Rote Karte와 개인마다 부여되는 연금번호(Rentenversicherungsnummer)가 그것이었다.
Rote Karte를 받을 수 있는 Bezirksamt는 Mitte, Charlottenburg-Wilmersdorf, Lichtenberg로 총 3곳이 있다. 처음에는 집과 가장 가까운 Mitte Bezirksamt로 갔으나 일하는 곳이 너무 멀다는 이유로 거절을 당했다. 보건 교육은 거창한 것이 아니라 영상 시청일 뿐이라서 거리와는 상관이 없다고 생각했지만, 독일 공무원에게 반박해봤자 돌아오는 건 무시뿐이라는 걸 알기에 조용히 집으로 돌아가야 했다.

Charlottenburg-Wilmersdorf Bezirksarmt는 인터넷으로 예약한 후에 찾아갔고 수수료 20유로를 결제 후 문제없이 Rote Karte를 발급받을 수 있었다.

연금번호는 Deutsche Rentenversicherung Bund에서 발급

받을 수 있으며 여권과 거주등록증이 필요했다. 독일에서 장기간 거주를 하려면 일차적으로 해야 할 일이 거주등록(anmeldung)이다. 독일에서는 거주등록을 해야만 연금, 세금, 계좌개설 등 모든 경제활동이 가능하며 여권과 함께 신분을 증명할 때도 이용이 된다. 만일 2주 이내에 거주등록을 하지 않으면 벌금을 내야 할 수도 있다.

나는 경제활동을 할 생각이 없었기에 8개월이 지나도록 거주등록을 하지 않은 상태였다. 뒤늦게 집주인과 집 계약서를 다시 작성해 벌금 없이 무사히 등록할 수는 있었지만, 원

칙적으로는 베를린에 도착하자마자 거주등록을 해야 했다. 거주등록 또한 인터넷으로 예약해야 하는데 빈자리가 나기만을 기다릴 시간이 없었던 나는 번호표를 받기 위해 아침 일찍 줄을 서야 했다. 길고 긴 기다림 끝에 받은 거주 등록증은 더욱 달콤했다. 베를린에 와서 한 번씩은 해본다는 새벽 줄서기를 해결했다는 사실에 어깨춤을 추었지만, 그때는 미처 몰랐다. 그것이 마지막이 아니었음을. 이후에도 얼마나 많은 시간 동안 오들오들 떨며 줄을 서야 하는지를!

실수로	"88년도에 왔으니까 딱 미화 나이만큼 살았네."
무너진 장벽	그러니까 사장님은 베를린 장벽이 무너지기 1년 전에 유학을 온 셈이었다. 장벽이 무너진 게 89년, 통일이 된 건 90년이었으니 역사의 한가운데에 있었다는 말도 과장이 아니었다.

베를린 장벽이 무너진 데에는 결정적이면서도 황당한 이야기가 숨어있다. 동독 정부의 대변인이었던 샤보프스키가 전달 내용을 제대로 숙지하지 못한 데서 시작된다. 여행규제에 관한 몇 가지 수정사항을 발표하는 기자회견 자리에서 내내 어수선한 태도로 서류를 뒤적이던 샤보프스키가 '누구나 자유 여행을 할 수 있고, 비자도 즉석에서 발급받을 수 있다'고 말해버리고 만 것이다. 언제부터 효력이 있냐는 이탈리아 기자의 질문에도 이렇게 대답해 결국 일이 터지고 만다.

'ab sofort.(바로 즉시)'
이 내용은 뉴스와 각종 언론보도를 통해 급속도로 퍼져나갔고 동독 시민들은 하나둘 국경초소로 몰려든다. 밤이 깊

어갈수록 장벽 앞에는 통제할 수 없을 정도의 수많은 사람이 몰려들었고 군인들은 결국 국경을 열어주게 된다. 당시의 영상을 찾아보면 동독은 물론이고 서독 사람들까지 모두 나와 환호를 하며 벽을 부수기도 하고 손에 손을 잡고 장벽 위에 올라타기도 한다.

"그럼 사장님도 그 현장에 계셨던 거예요?"
"아니 우리도 TV로 봤어."

아빠가 나가기 싫어해서. 하며 웃으시는데 30년의 세월을

뛰어넘은 어떤 초연한 모습이 보였다. 단 1, 2년만으로도 감당해야 할 일이 이렇게 많은데, 한국이 어디 붙어있는지, 화장실은 있는 나라인지 아무도 관심 없던 시절, 스물여섯의 젊은 부부는 어떤 시간을 보내왔을까.
실수였지 실수. 라며 또 호호 웃지만, 실수는 베를린의 장벽을 무너트리기도 하고 한 생명을 탄생시키기도, 인생 전체를 변화시키기도 한다는 걸 나는 잘 알고 있다.

내가 저지른 '베를린'이라는 실수는 어떤 벽을 무너트리게 될까?

**영화를
내려주세요**

영화를 의무적으로 보던 때가 있었다. 영화 비슷한 걸 공부하던 시절이었다. 직장에 들어가면 영화 강박에서 해방이 될 줄 알았는데 더 심했다. 일주일에 3편은 봐야 뭐라도 한 것 같은 기분이 들었다. 반복적으로 흘러가는 시간 속에 새로운 일은 새로운 이야기를 듣는 것뿐이었다. 영화를 보지 않은 날에는 아무 일도 일어나지 않았다.

독일에 온 뒤로는 도통 영화를 보지 않았다. 주변 풍경에 시선을 두지 않고 모니터만 바라보고 있는 것이 죄스러웠다. 집에 박혀서 영화나 보려고 온 베를린이 아니었다. 두세 달은 그냥 그렇게 지나갔다. 외국에서는 매일 영화 같은 일이 일어날 거로 생각했는데 그렇지도 않았다. 그래서 생각을 고쳐먹었다. 나를 위해 떠나온 건데 이곳에서까지 하면 안 되는 일을 만들거나, 시간에 눈치 보고 싶지 않았다. 집에 있는 게 영 마음에 걸리면 집이 아닌 곳에서 보면 되는

거였다. 어차피 그 시간에 하는 일이라곤 공원에 누워서 책을 읽거나 독일어 공부를 하는 거였으니 그 시간에 공원에서 영화를 보면 되는 거였다.

어느 날은 H와 공원에서 영화를 보는데 해가 너무 밝아 모니터가 거의 보이지 않았다. 우리는 깔고 앉았던 담요를 ET처럼 뒤집어썼다. 여자 둘이 담요 하나에 머리만 넣고 잔디밭에 엎드려 있는 모양이 신경이 쓰일 법도 한데 그보다 담요 안이 너무 더워 아무 생각도 들지 않았다. 또 어느 날엔 막 영화를 보려던 참에 갑자기 배탈이 나서 카페 화장실까지 전속력으로 달리기도 했다.

나의 영화 의지를 꺾으려는 것처럼 계속되는 무형의 방해작전에 씩씩거릴 때쯤 우연히 Freiluftkino라는 야외극장이 있다는 것을 알게 됐다. 봄부터 초가을 밤 공원에서 영화상영을 하는데 편성된 영화들도 최근에 자주 언급된 좋은 영화들이었다. 입장료도 7유로, 팝콘이나 맥주도 지참할 수 있었다. 마침 집 근처 공원에 Freiluftkino가 있어 모든 게 완벽했다.

문제가 있다면 이곳에서 상영하는 모든 영화는 독일어로 더빙이 되어있다는 점이었다. 독일은 신기하게도 거의 모든 수입영화에 대해 더빙판이 극장에 걸린다. 원어 상영보다 그 비율이 압도적으로 높아 원어로 보기 위해서는 따로 극장을 찾아가야 한다. 할리우드 배우의 목소리에 익숙해져 있는 우리로서는 독일어로 더빙된 영화에 몰입하기가 힘든데 정작 독일인 친구는 실제 배우 목소리가 극 중 역할과 더 어울리지 않는다고 할 정도로 더빙에 익숙해져 있다.

영화에 더빙하는 이유는 독일인의 문맹률이 높다는 의견이 지배적이고 영어를 독일어 자막으로 만들 시 자막이 너무 길어지기 때문이라는 말도 있다.

첫 영화로 미니언즈를 선택한 건 조금 굴욕적이지만 나름 합리적인 선택이었다. 보는 내내 깔깔대고 웃었으니까. 이후에는 미리 줄거리를 알고 보거나 영화를 본 이후에 이해가 되지 않았던 장면은 집에서 다시 찾아보곤 했다. 사실상 언어는 그리 큰 장애물이 아니었다. Freiluftkino는 영화를 보는 행위 자체를 즐길 수 있는 곳이었다. 죄책감 없이 Frei(자유롭게) Luft(야외)에서 즐기는 Kino(영화) 그 자체였다.

**커피
한 잔으로**

**영화감독과
만남을**

독일의 작가 괴테가 쓴 '젊은 베르테르의 슬픔'에서 베를리너의 모습이 떠올랐다. 조금이라도 해가 나는 날에는 카페나 공원으로 쏟아져 나오는 사람들. 정말 단 1분이라도 더 오래 햇볕을 쬐고 싶어 하듯 베를린 곳곳에 놓인 벤치를 차지하는 사람들 말이다. 그들은 겨우내 어서 봄이 오기만을 누구보다 간절히 바랐는지도 모른다. 그래서 해가 조금이라도 비추는 날에는 아늑한 실내를 뒤로하고 실외 테라스에 자리를 잡는 것이 아닐까.

베를린에는 똑같은 맛과 비슷한 인테리어의 프렌차이즈 카페보다는 주인의 감각과 취향이 고스란히 담겨있는 '동네'

카페들이 많다. 그리고 대부분의 동네 카페에는 언제나 손님들로 꽉꽉 들어차 있다. 정장을 빼입은 노신사부터 반소매에 청바지 차림인 아줌마, 한껏 멋 부린 힙스터까지 그 모습도 다양하다.

내가 자주 가는 카페는 집 앞 골목에 KAFFE라는 이름의 카페였다. 인테리어가 힙하다거나 커피 맛이 좋다는 카페들도 찾아가곤 했지만, 이상하게 항상 가던 곳만 가게 되는 건 베를린에서도 마찬가지였다. 아직 'Guten Tag' 밖에 할 줄 모르던 4월의 어느 날, 우연히 통유리로 된 카페 벽에 붙어있던 영화 포스터가 눈에 들어왔다. 날짜와 시간이 적힌 걸 보니 이곳에서 상영회를 한다는 것 같았다. 평소라면 그냥 지나쳤을 텐데 어디서 그런 용기가 났는지 문을 열고 당당히 카페로 들어갔다.

"Hallo!"
생각보다 큰 주인 언니의 인사 소리에 주눅이 들었다. 'umm.' 기어들어가는 목소리로 "나도 저 영화 봐도 돼?" 하고 물으니 독일어를 할 줄 아느냐는 예상치 못한 질문이 돌아왔다.

"독일어는 못하지만…"
"괜찮아. 와서 영상만 봐도 돼."

사실 나에겐 외국생활의 작은 로망이 있었다. 외국 극장에서 알아듣지 못하는 언어의 영화를 보는 것! 생각보다 빨리 로망이 이루어지는 순간이었다. 한쪽 벽에 스크린이 내려왔고 제멋대로 놓여있던 의자들은 일제히 스크린을 바라보고 있었다. 관람객의 연령층은 주로 흰머리의 신사 숙녀분들. 영화 자체가 오래된 영화이긴 했지만, 동네 카페에서 열리는 상영회에 나이 드신 분들이 자리하고 있는 낯선 풍경에 어떤 경이로운 감정이 들었다.

맨 뒷자리에 앉아 알아들을 수 없는 독일어의 영화를 보며 사람들을 살폈다. 내용은 모르겠지만, 사람들이 웃으면 따

라 웃기도 하고 들리는 독일어를 엉망으로 받아 적다 보니 한 시간 반이 훌쩍 지났다. 쭈뼛쭈뼛 눈치를 살피며 자리에서 일어나려는데 한 분이 박수를 받으며 앞으로 걸어 나왔다. 그렇게 순식간에 감독과의 대화가 진행되었다.

KAFFE에서 상영하는 영화는 주로 1960년대 이후 독일의 영화산업을 부흥시키기 위해 정부에서 지원을 받아 만들어졌던 영화들이었다. 상업적인 영화보다는 당시 사회현실을 보여주는 기록영화나 한사람이 감독, 시나리오, 편집, 촬영 등 일당백의 역할을 하면서 만들어야 했던 저예산 영화들이었다.

시간이 지날수록 조금씩 영화에 몰입할 수 있었고 가을에는 혼자서도 꽤 자주 찾곤 하였다. 더는 '알아듣지 못하는 언어의 영화를 보는' 로망은 이룰 수 없었지만, 세계적인 영화제가 열리는 이곳 베를린에서 커피 한 잔으로 영화감독과의 만남을 할 수 있다니. 이것 자체가 내겐 로망이었다.

IV. 겨울

여전히
나는
여행객에
불과했다

고민하고

사유하며

"나의 베를린은 만남이 아닌 헤어짐으로 이어져 있는 것 같아."

"슬퍼하지 말아요, 언니. 우리는 모두 어딘가로 향하는 존재예요."

티하우스 사장님의 딸인 Y는 독일의 작은 도시인 Marburg에서 지내다가 잠깐 시간이 생겨 베를린에 머무는 중이었다. 티하우스를 계기로 우리는 나이 상관없이 친구가 되는 독일이지만 '언니 동생'에 가까운 사이가 되었다.

Y의 초대를 받아 찾아갔던 Marburg은 그림 형제가 이곳에서 동화를 엮어냈다는 사실에 고개가 끄덕여지는 도시였다. Y와 나는 자주 언덕을 오르내렸고, 도시에서 가장 높다는 성에 올라 도시의 전경을 내려다보기도 했다. 거친 숨을 고르고 바라본 도시의 규모는 생각보다 컸다. 한눈에 다 내려다보일 줄 알았던 '작은 도시'는 시야가 닿기 힘든 멀리까지도 이어져 있었다. 시원한 바람을 느끼며 서 있다 보니 베를린에서는 높은 곳에 올라 넓은 도시의 풍경을 바라본 적이 한 번도 없다는 것을 깨달았다.

내가 사는 도시와 나의 하루하루를 가까이에서만 보았지 전체를 조망한 적이 없었다. 한국을 떠나 조금은 넓은 세상

으로 나왔다는 도취경에 빠져 나는 또 편협해져 있던 것이었다. 내가 겪은 고작 몇 달간의 경험만으로 독일을, 베를린을 판단하고 있었다.

Y는 그런 내가 베를린을 올바르게 바라볼 수 있도록 해주는 존재이기도 했다. "독일인은 원래 그래?" 하고 물으면 "독일인이라서 그러는 게 아니라 그 사람이 그런 거겠죠."라는 당연하지만 쉽게 잊어버리는 것들을 상기시켜주곤 했다. "나는 의사가 되면 다음 세대를 위해 세금을 낼 거예요. 내가 받아온 것처럼 다음 세대에도 이어질 수 있도록."

우리는 수천 개의 별이 보이는 Y의 다락방에서 많은 대화를

나누었다. 단편적으로는 언어에서부터 독일에서 경험해야
했던 당연하지만 당연하지 않은 것들에 대한 이야기들이었
다. 그녀는 부족함을 고백하며 웃었고 바보 같은 농담을 하
며 울었다.

늘 자신의 소신을 똑 부러지게 이야기하던 Y의 꼿꼿한 등
뒤에는 가치판단과 정체성에 대한 고민, 수 없는 질문에 답
해야 했던 날들과 그 답을 찾기 위해 보냈던 시간이 그녀를
지탱해주고 있었다.

나는 어쩌면 이전까지 Y를 부러워했는지도 모르겠다. 독일
이라는 나라의 잘 갖추어진 교육을 받고 자란 수혜자라고
생각했고, 그래서 당연하게 얻어진 것들에 대한 일종의 박
탈감을 느끼기도 했다. 하지만 누군가의 환경을 부러워하는
일은 그만두기로 했다. 똑같은 환경에서 같은 교육을 받아
도 우리는 서로 다른 사람으로 자란다. 만일 누군가 멋진 소
신이 있다면 그것은 당연하게 얻어진 것이 아니라 오랜 기
간 고민한 결과일 것이다.

현재의 '나'는 이리 구르고 저리 부딪히며 모나진 생각들이
쌓여 만들어진 젠가와도 같다. 때로는 아래에 있는 블록을
빼 위로 올라가야 할 수도 있고, 단단한 블록을 끼워 넣어
조금 더 견고하게 만들 수도 있을 것이다. 그러기 위해 나는
더 많이 고민하고 사유해야 할 것이다.

익숙한

이별의 포옹

12월, 온 도시가 크리스마스 불빛으로 반짝거린다. 독일어로 크리스마스를 의미하는 Weihnachten은 '성스러운 날들'이라는 뜻으로 12월 25일 단 하룻밤을 의미하지는 않는다. 크리스마스 전 4주간인 Advent에는 매주 하나씩 총 4개의 촛불을 켜며 아기 예수의 탄생을 맞이하고, 아이들은 12월 1일부터 Advent Kalender라 불리는 달력의 날짜를 하나씩 개봉해 초콜릿이나 작은 선물을 받으며 크리스마스가 오기만을 기다린다.

기념일에 별 의미를 두지 않는 내가 크리스마스를 기다리는 이유는 하나, 글뤼바인(Glühwein)이었다. 글뤼바인은 레드 와인에 각종 과일과 향신료를 넣고 끓인 따듯한 와인을 말하는데 만드는 방법은 간단하지만 북적북적한 크리스마스 마켓에 서서 호호 불며 마시는 것이 글뤼바인을 제대로 즐기는 방법이라고 생각했기 때문이었다.

베를린의 수많은 크리스마스 마켓 중에서도 Weihnachts Zauber를 우리는 가장 좋아했다. 젠다르멘 광장에서 열리는 이 크리스마스 마켓은 이름 그대로 마법에라도 빠진 듯한 기분을 느끼게 해주는 곳이었다. 화려한 장식 없이도 반

짝이는 트리와 따스한 조명은 몸과 마음을 녹이기 충분했다.

Kulturbrauerei에서 열리는 Lucia Weihnachtsmarkt는 집 근처라서 자주 찾았던 마켓인데 스칸디나비아풍의 콘셉트로 마켓 내에서 장작을 태우기도 하고 따듯한 게르 안에서 몸을 녹일 수 있는 아늑한 분위기였다. 루시아 마켓의 특별한 점은 밤이 가장 긴 날이라는 12월 13일 Santa Lucia를 기념하는 행사가 진행된다는 점이다. 빛을 가지고 온다는 성 루시아처럼 붉은 허리띠가 달린 드레스를 입은 소녀들이 촛불을 들고 어두운 크리스마스마켓에 빛을 밝힌다.

하지만 정작 크리스마스 당일, 베를린은 고요하기만 했다. 대부분의 상점이 24일에서 26일까지 작은 휴가를 맞았다. 도시를 밝히던 크리스마스 마켓이 사라진 거리는 유난히 쓸쓸해 보였다. 워낙 기념일에 크게 의미를 두지 않는 나였지만, 온 가족이 함께하는 독일의 크리스마스만큼은 혼자가 되고 싶지 않았다. 짧은 동네 산책을 마치고 돌아와 크리스마스 파티를 연다는 친구에게 연락했다.

파티는 어색했고 대화는 느렸지만, 다수와의 만남을 어색해하는 내가 적응하기에는 적절한 속도였다. 새로운 사람들을 만나는 것은 오랜만이었지만 서로 어느 정도의 간격을 유지하고 있어서 오히려 부담스럽지 않은 시간을 보낼 수 있었다.

초반에는 종종 사람들과 만나곤 했는데 베를린을 떠나야 할 때가 다가오니 사람에 대해 그만 알고 싶다는 생각이 들었다. 나는 곧 떠날 사람이니 다른 사람들이 살아가는 방식이 궁금하지도, 내 이야기를 하고 싶지도 않았다. 새로운 사람들을 만날 때마다 내가 왜 이곳에 왔고 왜 많은 도시 중 베를린이어야만 했는지 프레젠테이션을 해야 하는 게 피곤했다. 솔직한 심정으로는 내가 지겹도록 말했던 '베를린에 온 이유'가 그저 의미 없는 한 문장으로 굳어진 것 같았다. 진심은 사라지고 문장만 남은 기분. 그리고 그 문장은 내가 이루지 못한 일들을 그대로 고백하는 것과 다름없었다.

맥주병이 하나둘 늘어날수록 분위기는 무르익었고 도란도란 이야기를 나누다 보니 막차 시간이 훌쩍 지나있었다. 우리는 아쉬운 인사를 나누면서도 누구 하나 전화번호를 묻지 않았다. 익숙한 이별의 포옹을 끝으로 그렇게 나의 크리스마스도 지나갔다.

서른이 되었다. 베를린에 온 후로 나이를 잊고 살아서 아무렇지 않을 거로 생각했는데 막상 서른을 혼자 맞으려니 쓸쓸해지는 건 어쩔 수 없었다. 잔걱정은 많지만, 인생 전체는 되는 대로 살아버리는 성격 덕분에 자신도 놀라울 정도로 별문제 없이 1년을 버텨냈지만, 이후의 삶에 대한 고민을 더는 미룰 수 없는 나이가 되었다. 10진법으로 살아가지 않으려 노력했지만 서른이라는 나이에 대한 부담감은 한국에서 8,000Km나 떨어져 있는 나에게도 똑같이 무거웠다.

장기여행을 끝마치고 돌아온 사람들은 어떤 삶을 살아갈까. 전문 여행가라는 직업은 소수에 불과할 텐데, 여행 자체의 화려함과 일상에 주목한 나머지 여행 이후의 삶에 대해서는 무관심하지 않았나 하는 생각이 들었다.

나에게

서른 살의 나를

남겨주고 싶다

나 또한 베를린 이후의 삶이 쉽게 상상이 가지 않는다. 페북 스타로 불리는 친구들처럼 인기 있는 여행 작가가 될 수 있지 않을까 기대를 한 적도 있었지만, 나같이 게으름과 겁으로 똘똘 뭉친 사람에겐 불가능한 일이었다. 무엇보다 나는 마음을 끌 만한 감성적인 글은커녕 전혀 트렌디하지 않은, 오히려 촌스러운 쪽에 가까운 사람이다.

나는 아마 빠르게 적응해나갈 것이다. 다만 내 인생은 크게 달라지지 않을 것이다. 전처럼 마케팅 회사에 다닐 수도 있고, 어쩌면 카페에서 아르바이트 하게 될지도 모른다. 내가 언제 베를린에 살기라도 했었냐는 듯 베를린 이후의 삶은 베를린 이전의 삶으로 돌아갈 것이다. 그런데도 나는 나의 이야기를 남기고 싶다. 서른한 살, 서른두 살의 나에게 이곳에서 서른을 맞이했던 나를 돌아볼 수 있게 해주고 싶다. 원하지 않아도 앞으로 나아가야만 하는 나에게 서른 살의 나는 여기서 이런 생각을 하고 있었다고, 언제라도 숨을 고르고 지나온 시간의 뒷모습을 바라볼 수 있게 해주고 싶다.

가끔,

*울고
싶을 때가*

있다

어느 나٠라든 외국에서 살면 그 나라만의 업무처리 방식이나 생활방식 등이 우리나라와 맞지 않아 당황하거나 이해가 가지 않는 부분이 생기게 마련인데, 베를린에서는 열쇠가 그렇다.
독일은 카드키나 비밀번호 대신 여전히 열쇠를 사용하고 있다. 독일 문은 한번 닫히면 열쇠 없이는 열리지 않는다. 집에 열쇠를 두고 나왔을 경우에는 schlüsseldienst에 요청을 해야 하는데 출장비만 해도 10만 원이 넘어가기 때문에 여분의 열쇠를 친구 집에 분배해 놓는 경우도 있다.

열쇠는 건물 입구용과 집 열쇠가 따로 있는 것이 일반적인데, 열쇠 하나로 모든 곳이 열리는 마스터키를 사용하는 건물도 꽤 있다. 열쇠는 하나인데 공동으로 사용하는 창고나 우편함, 건물 입구에는 맞고 다른 세대의 문은 열리지 않는 특별한 열쇠이다. 이 마스터키는 열쇠마다 고유번호가 새겨져 있어 건물주의 동의 없이는 마음대로 복사할 수 없다. 심지어 마스터키를 잃어버렸을 경우 건물의 모든 문을 교체해야 하는 최악의 상황이 발생할 수 있는데, 내가 이 비극의 주인공이 될 줄은 꿈에도 몰랐다.

누군가 베를린에서 소매치기를 당했다는 이야기를 들을 때마다 얼마나 부주의했으면 이 안전한 도시에서 소매치기를 당할까 생각하곤 했는데, 나는 가방 전체를 도둑맞았다. 티하우스 의자에 가방을 올려두었다가 일이 끝난 후 열쇠를 꺼내려고 보니 가방 전체가 사라졌었다. 가방 속에는 열쇠 꾸러미와 지갑, 이어폰이 전부였는데 문제는 티하우스에서 사용하는 열쇠가 마스터키라는 점이었다. 충동적으로 들고 간 것이라면 현금 외에 나머지는 버릴 가능성이 있지만, 의도된 것이라면 가게 자체가 타겟이 될 수도 있었다. 손이 덜덜 떨렸다. 머리를 쥐어뜯어도 방법이 없었다.

걱정으로 밤을 지새운 다음 날 독일인 친구에게 물어보니 출장비에 따라 다르긴 하지만 800~1,000유로 정도가 일반적이며 내가 그 비용을 지급할 일은 없을 거라고 했다. 개인적으로 잃어버린 것이 아니라 일하는 도중에 도둑을 맞은 것이기 때문이었다. 또한, 가게를 운영할 때는 Haftpflichtversicherung이라는 책임보험을 들게 되는데, 열

쇠를 잃어버릴 경우 3천~5천 유로까지 보상을 해주니 걱정하지 말라고 했다. 마음이 조금 진정은 되었지만, 가만히 있다가도 열쇠 생각만 하면 억울함에 눈물이 났다. 열심히 살아보려는 나에게 왜 이런 일이 나에게 일어난 건지 이해할 수 없었다.

"아픈 데는 없어? 밥은 잘 먹고?"
안 그래도 한국 신용카드 분실신고 때문에 부탁을 하려던 참이었는데 엄마에게 전화가 왔다. 자초지종을 설명하긴 했지만 차마 가게 열쇠에 대해서는 말할 수 없었다. 다행히 집 열쇠는 쉽게 복사가 가능한 열쇠였고 하나당 15유로로 저렴한 편이었다.

별일 아닌 것처럼 얘기하고 통화를 마쳤지만, 엄마에게 억울함을 쏟아내며 울고 싶은 심정이었다. 집에 있는데도 집에 가고 싶은 기분이란 게 바로 이런 것이겠지.

용기

또는

안내

떠나기 2주 전 독일 워킹홀리데이를 결심하게 된 과정과 앞으로의 계획에 대해 강연을 할 기회가 있었다. 여행커뮤니티에서 진행한 강연이라 그런지 많은 친구가 외국생활을 동경하고 있었다.

"무작정 떠날 수 있는 용기가 부러워요."
"나도 너처럼 무작정 떠나고 싶다."

나는 용기가 있어서 떠나온 것이 아니었다. 우연한 계기로 결정한 것이기는 했지만 무작정 떠난 것도 아니었다. 가족들도 혀를 내두를 정도로 기우가 심한 나는 놀이기구가 망가질까 봐 놀이동산도 잘 가지 않는 인간이었다. 그런 내가 아무 걱정 없이 무작정 베를린으로 떠날 수 있을 리 없었다. 심지어 가족들조차 반대하는 여행이었으니 떠나기 전날까지도 고민으로 잠을 이루지 못했었다.

'떠나고 싶다면 지금 당장 떠나세요!' 페이스북 타임라인을 가득 채우는 여행사의 홍보문구에, 퇴근 시간을 훌쩍 넘긴 시계를 보며 한숨짓는 사람들이 분명 있을 것이다. 나 또한 외국에 나와 살거나 해외여행을 하는 사람들은 뭔가 대단하고 특별한 사람일 거로 생각했었다. 결혼자금을 위해 월급의 반 이상을 저금하고 출근과 야근을 반복하는 삶을 살

던 나와는 다른 사람일 거라고, 나처럼 하루하루 버티는 삶이 아니라 흘러가는 시간 위에 둥둥 떠다니는 삶일 거로 생각했었다.

하지만 떠난 후에야 깨달았다. 이곳에서도 나는 버텨야만 한다는 걸. 내가 버티지 않으면 언제든 다시 돌아가야만 한다는 것을 말이다. 많은 준비를 하고 왔음에도 예상치 못한 문제들이 곳곳에서 생겨나는 게 외국생활이었다. 한국과는 전혀 다른 시스템에 도무지 적응하기 힘들었고 병원비가 걱정되어 마음대로 아프지 못했던 상황 속에서도 버티는 수밖에 없었다.

떠나는 사람에게 필요한 게 용기라면 버티는 사람에게 필요한 건 인내였다. 그리고 인내는 더 높은 차원의 용기라는 걸 깨달았다. 용기가 없어서 떠나지 않는 것이 아니라 더 큰 용기로 자신의 자리를 지키고 있는 것이었다. 이제는 말할 수 있을 것 같다. 여전히 많은 친구가 말하는 나의 용기란 무작정 떠날 용기가 아니라 버티는 용기라는 것을. 그리고 자신의 자리를 지키고 있는 모든 사람이 용기 있는 삶을 살고 있다는 것을.

여전히 나는

여행객에 불과했다

긴 여행을 떠나기 전에 계획했던 일의 80%는 현실에 부딪혀 좌절되거나 이룰 수 없는 마땅한 변명을 찾아내면서 그저 꿈으로 남는 경우가 많다. 나는 내가 자격증만 따면 독일에서 한국어 교사가 될 수 있을 거로 생각했고 베를린 관광 책자는 뚝딱 만들어낼 수 있을 줄 알았다. 여행분야 파워블로거의 꿈은 귀차니즘으로 물 건너갔고 독일인 남자와의 연애는커녕 친구 한 명 제대로 사귀지 못했다.

급하지 않은 성격은 나태를 낳았고 나태는 불안을, 결국 불안은 후회로 번졌다. 봄, 여름, 가을, 겨울. 베를린의 4계절이 지나갔지만, 여전히 나는 여행객에 불과했다. 이대로 돌아가면 후회할 것이 분명했다. 그저 계획했던 일을 이루지 못해서가 아니라 그토록 바라던 베를린에서의 시간을 마음대로 허비한 것에 대한 후회였다. 비자를 연장하는 데에 문제가 그저 돈이라면, 돈은 구하면 되는 것이었다. 이 과정에서 마음고생을 많이 한 건 사실이었다. 돈 10만 원에 울고 웃었다. 가진 게 없었기에 돈에 연연하며 살지 않았던 지난 날들이 무너지는 기분이었다. 그렇게 몇 날 며칠을 눈물 속에 잠들면서도 머릿속에는 '무조건 베를린에 남아야겠다.'는 생각뿐이었다.

비자 연장에 필요한 돈을 다 모은 후 본격적으로 비자 준비에 들어갔다. 내가 받을 수 있는 비자는 학생준비비자(Studenten vorbereitung Visum)로 어학을 공부할 수 있는 1년에 대학 입시를 준비할 수 있는 1년, 총 2년이 주어지는 비자였다. 비자의 기간은 어떤 공무원을 만나느냐, 어떠한 서류를 가지고 있느냐에 따라서 줄어들 수도 있다는 점을 간과해서는 안 된다. 독일에 '언제나'라는 건 없다.
학생준비비자를 받기 위해서는 수입 없이도 1년간 베를린에서 무사히 살 수 있을 정도의 돈이 들어있는 계좌(Sperr

Konto)가 필요했다. 금액은 매년 물가를 반영해 달라질 수 있으며 입금해둔 돈은 매달 일정량만큼만 인출이 가능하다. 한 가지 염두에 둘 점은 계좌를 개설해서 확인 문서가 집으로 배송되기까지 길게는 한 달 정도의 시간이 걸린다는 것이다. 어렵게 잡은 비자청의 약속을 서류부족으로 다시 잡아야 하는 일이 없으려면 독일의 업무 처리 속도를 반드시 유념해 두어야 한다.

모든 서류를 준비해도 비자청과 약속을 잡지 않으면 소용이 없다. 어쩌면 계좌를 만드는 일보다 약속을 잡는 게 더 어려운 일일 수도 있다. 운이 좋으면 홈페이지에서도 원하는 날짜에 예약할 수 있지만 1년 이후까지 모든 예약이 완료된 창을 보고 있으면 답답함이 턱 끝까지 차오른다. 나는 워킹홀리데이 비자 만료가 얼마 남지 않은 상황이었기에 현장예약을 해야만 했다.
현장예약은 새벽 4시부터 진행이 되었다. 더 정확히 말하면 애초에 현장예약이라는 건 존재하지 않으며 사람들이 언제 줄을 서느냐에 따라 달라진다고 할 수 있다. 불행인지 다행인지 추운 날씨 때문에 새벽 5시 즈음 도착했는데도 예약번호를 받을 수 있었고, 다섯 시간 정도를 더 기다린 후에야

비자청 직원과 면담을 할 수 있었다. 까다로운 직원을 만나면 심한 경우 변호사를 선임해야 한다는 이야기를 듣고 나서인지 식은땀 한줄기가 등을 타고 흘러내리는 것 같았다. 하지만 늘 그렇듯 나의 걱정은 기우로 끝이 났고 별다른 문제 없이 비자를 발급받을 수 있었다.

거주지 등록, 계좌 개설, 어학원 등록, 비자청 면담 후 비자를 받기까지 두 달 남짓한 시간이 걸렸다. 살면서 누군가에게 부탁이나 도움을 청할 일은 만들지 말자는 신념으로 살아왔는데 내 의지만으로는 해결할 수 없는 상황들을 맞닥뜨리면서 자존심은 물론이고 인생관 전체가 흔들리는 경험을 했다. 신기한 건 그런 와중에도 '내가 이렇게까지 해서 남아야 하나'라는 생각보다는 '이렇게 해서라도 남고 싶다'는 생각뿐이었다.

"뭐 대단한 일이라고 여러 사람 신경 쓰게 해?"
베를린에 오기 전 엄마 친구가 용돈을 주셨다는 말을 전해 들은 아빠의 반응이었다. 아빠의 핀잔이 떠오르는 걸 보니 일단 큰일 하나는 해결을 했다는 안도감과 또 하나의 큰 산이 남아있다는 압박감이 한데 뒤섞인 한숨이 흘러나왔다.

베를린 출발까지 한 달도 채 남지 않았던 2월 15일. 나는 여전히 아빠의 허락을 받지 못한 상태였다. 이때만 해도 편지 한 장 달랑 남기고 떠나버릴 생각이었기에 이후에 벌어질 일들에 대한 걱정이 이만저만이 아니었다. 이렇게 떠나버리는 게 과연 옳은 일일까. 아빠의 가슴에 못을 박는 일은 아닐까. 나는 왜 내 인생도 스스로 선택할 수 없는 걸까. 하루에도 감정이 수십 번씩 요동쳤고 떠날 결심이 서다가도 아빠의 기침 소리 한 번에 주춤해지곤 했다.

그러다 우연히 페이스북에서 '착한 딸이지 않아도 된다고 생각할 용기'라는 글을 보게 되었다. 글에는 이어서 '우리의 부모님들도 잘못 판단할 때가 있고 동시대를 살더라도 그들의 세상은 스무 살에 멈추어 있을 수도 있다. 그러니 나를 믿자. 특히 우리의 딸들. 착한 딸이지 않아도 된다. 착한 딸의 반대말은 나쁜 딸이 아니라, 주관이 뚜렷한 딸이다.' 라고 쓰여 있었다. 착한 딸이지 않아도 된다고 생각할 용기. 수많은 응원과 부러움의 눈빛보다도 나에게 필요했던 건 이 말이었는지도 몰랐다.

나는 바로 메시지 창을 켰고 한 번도 본 적 없는 글쓴이에

착한
딸이

되지
않기로

게 장문의 메시지를 남겼다.
'안녕하세요. 저는 곧 아버지의 반대를 뒤로하고 베를린으로 떠나려고 합니다. 오늘 본 선생님 글에 조금은 용기가 생겼습니다. 그래서 뜬금없지만, 얼굴도 모르는 분께 감사하다고 인사를 드리고 싶었어요. '잘 다녀오겠습니다.'라고. 아버지한테는 하지 못하는 인사지만.'

메시지를 보낸 후 몇 번의 대화가 오고 갔고 선생님은 '미움받을 용기'라는 책을 추천해주셨다. 몇 주 동안 베스트셀

러에 이름을 올리고 있던 터라 나도 들어본 적이 있던 책이었다. 서점에 가지 않은 것은 아니었지만, 책 앞을 서성이다 그냥 돌아왔다. 슬쩍 들춰 본 페이지에는 '행복해지려면 미움받을 용기도 있어야 한다.'는 문장이 쓰여 있었다.

'미움받을 용기 같은 걸 가지고 태어난 사람이 있을까.'

그로부터 1년이 지났고 나는 베를린에 있다. 여전히 책은 읽지 않았지만, 아빠에게 미움을 받아야 할 일이 생길 때마

다 회초리 자국처럼 책 제목이 선명하게 부풀어 올랐다. 2년간 베를린에 더 남을 계획이라는 이야기를 차마 말로는 하지 못해 메시지로 전했던 그 날에도. 생전 들어본 적 없는 욕설을 들었던 날에도 미움과 용기라는 말이 떠올랐다.

나는 착한 딸이 되지 않기로 다짐했다. 베를린에 온 순간부터 착한 딸은 포기한 것과 다름없었다. 착한 딸을 벗어던지는 데 27년이 걸린 셈이다. 이제 남은 건 미움 받을 용기다. 책의 저자인 아들러는 누군가에게 인정을 받는 것보다는 미움을 받더라도 내가 하고 싶은 일을 하는 것이 행복해질 방법이라고 했다. 미움받는 게 아무렇지도 않아질 때쯤 난 정말 행복해질 수 있을까.

"탄뎀 파트너 필요하지 않아요?"

생각의 각도

언어교환 친구라고 할 수 있는 '탄뎀파트너'가 독일어 공부에 도움이 된다는 이야기는 몇 번 들은 적이 있었다. 주변에도 탄뎀 파트너를 구하는 친구들이 종종 있었기 때문에 그녀의 제안이 놀랄만한 일은 아니었다. 오히려 별 의미 없는 스몰토킹이 아닌, 차분한 목소리로 눈을 맞춰오는 진득한 시선이 감격스러웠다고 할까.

야스민(Jasmin)은 어릴 적 해동검도를 배운 것이 계기가 되어 한국에 관심을 두게 되었다고 했다. 한국에는 1년 정도 어학연수를 다녀온 게 전부였지만 나보다 한국을 더 그리워하는 것 같았다. 다시 갈 생각은 없냐고 물어보려던 찰나에 가느다란 손가락으로 이마를 긁적이며 웃었다.

"기름이 아까워서요."

정말 가야만 하는 이유가 있지 않은 이상은 기름을 낭비하고 싶지 않다고 했다. 그런 그녀가 한 달간 독일 자전거 일주여행을 떠나는 건 자연스러운 일이었다. 호들갑을 떤 건 내 쪽이었다. 위험하지 않을까. 이상한 사람들 만나면 어떡

해. 눈썹을 축 늘어뜨리고 울상을 짓는 나에게 야스민은 호신용 스프레이와 주먹을 제 손바닥에 쳐 보이는 것으로 대답을 대신했다.

독일은 유럽 내에서 채식주의자가 가장 많은 국가이다. 특히 베를린에 더 집중되어 있는데 야스민도 그중 한 명이었다. 베를린에서 워낙 많은 채식주의자를 봐서 그런지 나에게 그들은 하나의 성별로 느껴지기까지 했다. "너는 왜 여자야?"라고 묻지 않는 것처럼 그 선택이 궁금하거나 특별한

존재라는 생각은 못 했었다. 나 또한 육식을 즐기는 편이 아니었기에 비슷한 이유이거나 반려견을 키우거나 동물이 불쌍해서겠지 정도의 추측을 할 뿐이었다.

하지만 야스민의 대답을 들은 후부터는 생각이 조금 달라졌다. 야스민에게 육식이란 '잠깐의 만족을 위해 동물에게 고통을 주어야 하는 것'이었다. 취향이 아니라 고통의 문제였다. 나의 즐거움을 위해 다른 생명에게 고통을 주는 일은 하지 않겠다는 의지이기도 했다.

야스민과 대화를 하면서 나와는 생각의 각도가 다르다는 걸 느꼈다. 둘 중 누군가가 생각을 구부리지 않는 이상 그 각도를 좁히기란 힘들어 보였다.

내 생각의 각도는 얼마일까 가늠해보니 나는 그다지 구부러진 사람이 아니었다. 정해진 코스대로 살아온 덕분에 시작점에서 출발점까지 180도. 일직선으로만 걸어 온 사람이었다.

야스민을 만난 이후로 나는 내 생각에 각을 더하기로 했다. 채식주의자가 되기로 했다기보다는 '인간은 육식해도 돼.'라는 생각만을 고집하지 않기로 했다는 말에 가깝다. 수많은 채식주의자를 못 본 체하지 않는 것, 그들이 채식하는 이유를 한번쯤은 들어보는 것이 적어도 채식주의자가 가장 많다는 베를린에 살면서 구부릴 수 있는 생각의 각도일 것으로 생각했다.

뜨거운

베를린의
밤

Markthalle9

그 많던 사람들은 다 어디로 갔을까. 해만 비추면 나와 일광욕을 하던 베를리너들이 겨울이 되니 모두 모습을 감추어 버렸다. 어둑해진 창밖을 보며 짐을 챙겨 나와도 저녁 6시. 일러도 너무 이른 시간이었다. 카페나 집에서 혼자 작업하면서 혼술하는 것을 즐기는 나였지만 가끔은 시끌벅적한 곳에서 분위기를 즐기고 싶을 때가 있었다. 마침 그 날이 목요일이라 우리는 주저 없이 마크트할레9으로 향했다.

크로이츠베르크에 위치한 마크트할레9에서는 목요일 밤만 되면 전 세계의 길거리 음식을 즐길 수 있는 STREET FOOD THURSDAY가 열린다. 홀 전체가 스트릿푸드 마켓으로 베를린에 자리를 잡은 전 세계의 음식과 와인, 맥주를 간단하게 즐길 수 있다. 마크트할레9의 또 다른 매력은 베를린의 다양한 힙스터들을 만날 수 있다는 점이었다. 우리는 그들을 숨멎오빠라 불렀는데 땀을 흘리며 요리를 하는

숨멎 셀러를 보고 있으면 시간 가는 줄 모르곤 했다.
STREET FOOD THURSDAY는 계절에 상관없이 열리지만 나는 겨울의 마크트할레9을 더 좋아했다. 칼바람에 옷깃을 여미며 도착한 마크트할레9만의 분위기는 지금이 겨울이라는 것을 잊게 했다. 어두컴컴한 골목을 지나 문을 열고 들어갔을 때의 그 뜨거운 반전이 베를린의 겨울을 좋아하게 만들어주었다.

V. 그리고 :

낯설게
일상을
바라보는
일

베를린 다이어리

'Wie man Deutscher wird'라는 책이 인기라고 한다. 영어로는 'How to be German'으로 영국인 Adam Fletcher가 Leipzig와 berlin에 살면서 맺은 관계, 습관, 문화를 토대로 독일인의 특징 50가지를 정리한 책이다.

나도 이곳에서 이방인으로서의 삶이 외롭다 느껴질 때마다 나만의 '베를리너 사전'을 꺼내 들곤 했었다. 내 맘대로 만든 사전이지만, 사전에 적혀있는 대로 행동하고 나면 기분이 한결 나아졌다. 그렇게 집으로 돌아와 적어 내려간 일기장에는 좋은 기억들만 남아있다.

나만의

베를리너

사전

맨손으로 병따기

베를린에 와서 말보다 먼저 배운 생존 기술은 병뚜껑을 따는 법이었다. 베를리너들은 언제 어디서든 맨손으로 병을 딴다. 휴대폰으로도 뿅, 벽에 대고 뿅, 병과 병을 맞대고 또 한 번 뿅. 독일 친구들 앞에서 힘겹게 숟가락으로 병을 따내 보이고 나서야 '너도 이제 진정한 베를리너가 되었다'는 이야기를 들었을 정도이니 베를리너의 필수조건이라고 할 수 있겠다.

일요일이면 문을 닫는 곳이 많은 독일이라고 하지만 브런치를 즐길 수 있는 카페는 생각보다 많다. 느긋하게 앉아 브런치를 즐기는 사람들을 보고 있자면 소파에 몸을 파묻고 언제까지고 카페에서 시간을 보내고 싶어진다. 브런치라고 해서 독일식이 따로 있다고 보기는 어렵고 여느 외국 식탁에서 볼 수 있는 빵, 치즈, 살라미, 버터, 달걀 정도인데 여기서 조금 특별한 점을 찾자면, 빵이다. 베를리너는 토스트(식빵)나 바케트보다는 Brötchen이라고 불리는 작은 빵을 주로 먹는다. 독일 빵은 겉은 딱딱하고 속은 부드러운 편인데 익숙하지 않은 식감에 맛을 들이기가 쉽지 않다. 그래도 그 맛에 길들면 계속 찾게 되는 매력이 있다.

일요일
아침의

브런치

베를린 다이어리

베를린 다이어리

사계절이 제법 뚜렷한 베를린의 사람들은 그 계절을 최상의 컨디션으로 즐기는 방법을 알고 있는 듯하다. 해가 내리쬐는 여름에는 공원에 누워 일광욕을 즐기거나 호수에 모여 수영을 하고, 겨울에는 두꺼운 모자와 목도리를 두르고선 따뜻한 와인으로 언 몸을 녹인다. 눈이 많이 내린 다음 날에는 나무 썰매 위에 올라탄 아이들이 줄 하나에 의지해 앞으로 나아간다. 날이 좋으면 썰매의 자리를 자전거가 대신한다. 자전거 문화는 다른 유럽의 국가들에서도 흔한 것이지만 베를린은 유독 그 느낌이 다르다. 만만치 않은 교통비보단 자전거가 경제적이라는 이유를 차치하더라도, 걸음마용 자전거로 겨우 한 발짝 걸음을 내딛는 아기를 바라보는 부부의 모습을 보면 베를린에서 자전거를 단순히 '탈 것'으로 생각하기는 힘들다. 베를린에서 자전거 탄 풍경을 보고 있으면 그 누구라도 자전거에 오르고 싶어진다.

최상의
조건으로

계절
즐기기

베를린 다이어리

전깃불 베를린에 와서 눈이 안 좋아졌다는 이야기를 종종 들은 적이 있다. 어두운 조명 때문이 아닐까 조심스레 예상해본다.

대신 베를리너들은 유난히 촛불을 좋아한다. 저녁에도 불이 환하게 밝혀진 곳보다는 상대방의 얼굴을 알아볼 정도의 조명만 켜둔 곳이 많다. 어두운 곳에 익숙해진 탓인지 너무 환한

촛불 곳에선 발가벗은 기분이 들기도 한다. 차분한 독일인들의 성격이 촛불과 닮았다는 생각을 하며 반사등을 켠다. 혼자서 고요한 시간을 보내는 방법을 알아가고 있다.

나쁘지 않네

nicht schlecht

nicht schlecht의 뜻을 단어 그대로 옮기면 '나쁘지 않다'는 의미로 들린다. 실제로는 비교적 부정적인 영어 표현인 not bad와는 달리 꽤 좋다는 의미로 쓰인다. 쿨한 베를리너는 '좋다'라는 표현 대신 '나쁘지 않네'라고 말하는 걸 좋아하는 듯 보인다.

그래서인지 무의식중에 gut(good)이 아니라 nicht schlecht라고 말하고 나면 가슴 속에서 뿌듯함과 간지러움이 몽글몽글 올라오는 것 같다. 마치 베를리너가 된 것 같은 기분이 든다. 집을 나서기 전 나지막이 외워본다. 오늘 하루도, nicht schlecht!

일상을 낯설게 바라보는 일

'일상화가 되면 본래의 의미를 상실한 채 퇴색된다. 본질은 변하지 않지만 다만 그것을 바라보는 나의 시선이 권태로워진다. 젊은 날의 권태는 꿈과 생기를 빼앗아가고 마음을 늙게 한다. 그런데도 꽤 오랜 시간 침묵하고 있었던 이유는 네 나이에 그 정도는 모으고 입고 먹어야 하지 않냐고, 부모님에게 좀 더 자랑스러운 자식이 돼야 하지 않냐고, 지금 이대로 멈춰있는 편이 도전하는 것보다 훨씬 안전하지 않냐는 말 때문이었다.'

일상을 낯설게 바라보는 일. 이미 익숙해져 있는 것에 거리를 둔다는 것이 말처럼 쉬운 일은 아니다. S는 자신의 일상이 얼마나 감사한지 깨닫기 위해 낯선 환경으로 떠나온 친구였다. 프라하에서 '낯설게 하기'라는 영상에세이를 매주 한 편씩 연재하는 S를 알게 된 것은 지난 여름이었다. 비자 연장 후 2016년의 반 이상을 일만 하며 지낸 나에게 주는 포상휴가와도 같은 프라하 여행에서였다. 베를린에서의 첫 1년과 비자 연장 후의 일들을 묵묵히 듣고 있던 S는 조심스레 자신의 프로젝트 이야기를 꺼냈다.

'The Journey of your daily life'라는 이 프로젝트는 유럽이 더는 여행자가 아닌 사람들을 찾아 그들의 일상을 조용히 관찰하며 스페셜하지 않은 평범한 것에서 위로를 받기 위한 것이라고 했다. 사람이 가장 위로받는 때는 '쟤도 나랑 별반 다르지 않구나.'라는 비극의 보편성을 느낄 때라는 백

영옥 작가의 말이 떠올랐다. 동시에 S는 떠나오는 수고를 감당하면서까지 해외 생활을 지속하게 하는 무언가를 발견하고 싶다고 했다. 그리고 그 프로젝트의 첫 번째 에피소드에 나의 일상을 담고 싶다는 말을 덧붙였다. 그녀의 차분한 목소리엔 나름의 힘든 시간을 버텨온 사람의 단단함이 묻어나는 것 같았다. 영상에 담길 모습이 걱정되지 않은 건 아니지만 나는 단번에 오케이 했고 한 달 뒤 그녀는 약속대로 베를린에 왔다.

카메라만 들이대면 말을 버벅거리고 웃음이 터져 나오는 탓에 제대로 된 인터뷰는 진작부터 포기. 우리는 카메라를

잠시 내려놓고 일상을 나누는 데 초점을 맞추었다. 대부분 시간을 기사를 작성하거나 티하우스에서 일을 하며 보내야 했지만 S는 그런 내 옆에서 가만히 나의 모습을 담아주었다. 그러다 문득 그런 생각이 들었다. 내 일상이 떠나지 못하는 누군가에게 박탈감을 주지는 않을까. 나는 나의 선택 안에서 감당해야 할 일들과 그것들을 지키기 위한 시간을 보내고 있는 것뿐이지만 보이는 모습은 그렇지 않을 수도 있지 않을까. 하지만 S는 평화로워 보이는 내 일상의 그림자도 동시에 담아주었다. 몇 시간이고 서서 일하고 돌아와 퉁퉁 부은 두 발과 다친 손가락에 연고를 바르는 모습을, 집에 돌아와서도 또 다른 일을 끝내야만 하는 새벽을.

프로젝트가 끝이 나고 우리의 일상도 제자리를 찾았지만, S와 나는 삶이 지겨운 순간마다 대화를 나누었다. 이 지긋지긋한 외국생활을 끝내고 싶으면서도 지속하는 이유, 먹고살기 위한 성실함의 비극, 1유로의 지질함, 이루지 못한 것들에 대한 미련.

S나 나나 이곳에서의 경험들이 어디에 꼭 쓰일 거라는 생각이나 앞으로의 인생이 크게 달라질 것이라는 기대는 하지 않았다. 우리는 조금 더 단단해졌고 이제 어디서든 살아남을 수 있을 거라는 자신감 정도가 전부였다. 행복해지기 위해 발버둥 치며 버텨왔던 우리지만 꼭 여행만 하는 삶이 행복한 삶은 아니라는 것을 깨달았다. 이루지 못할 큰 꿈이나 나와 다른 인생에 대한 부러움보다는 내 안에 불필요한 것들을 덜어내며 살아가야 한다는 것이 우리가 긴 외국생활로 배운 점이었다.

1년간의 워킹홀리데이를 끝마치고 한국으로 돌아간 S의 영상에세이를 처음부터 돌려보았다. 프라하로 떠나던 1년 전의 S는 스스로 '내가 거지가 되고 성과가 없이 돌아와도 괜찮냐.'고 묻고 있었다. 이건 나에게도 해당하는 질문이었다. 우리는 정말 괜찮을까.

S가 한국으로 돌아가기 전 우리는 파리로 작은 여행을 떠났다. 퐁네프 다리 위에 멍하게 서 있던 내 손을 잡아 오며 S는 말했다.

"언니 나는 우리가 참 대단하다. 조그만 동양인 여자애들이 자기 키만한 캐리어 끌고 말도 안 통하는 나라에 와서 행복해져보겠다고 발버둥 치는 게, 아는 사람도 하나 없는 곳에서 일자리도 구하고 또 이사를 몇 번이나 해낸다는 게. 난 그게 너무 기특해. 언니도 나도. 그치?"

나는 S의 손을 꼭 쥐는 것으로 대답을 대신했다. 다리 건너편에는 캐리어를 든 여자가 지나가고 있었다.

'이제 그만 돌아와'

라고 말해줄

누군가

한국으로 돌아갈 이유가 없다고 생각했다. 퇴근길에 맥주 한잔할 친구도 없고 지지고 볶고 싸워도 밥걱정해줄 가족도 없지만 못 견딜 정도는 아니었다. 어차피 친한 친구들은 결혼해 떠났고 그리운 가족들도 금세 벗어나고 싶어질 것이었다. 하루 벌어 하루 사는 삶도 이곳에서라면 나쁘지 않다고 주문처럼 되뇌었다.

'외국에 사는 사람은 구명줄 없이 허공을 걷는 사람이다. 그에게는 가족과 직장 동료와 친구, 어릴 적부터 알아서 어렵지 않게 자신을 표현할 수 있는 언어를 지닌 나라, 즉 조국이 모든 인간에게 제공하는 구명줄이 없다.'

'참을 수 없는 존재의 가벼움'을 읽다가 내 생각이 났다면서 S는 밑줄이 죽 그어진 책 일부분을 찍어 보냈다.

"난 조국에도 구명줄이 없어."
또 한 번의 비자 연장으로 아빠와 틀어질 대로 틀어진 상태였던 나에겐 돌아갈 곳이 없었다.

"언니 우리에게 필요한 건 안정이야! 여행도 아니고 돈도 아닌 집이라고!"

나는 어쩌면 어서 빨리 한국으로 돌아오라고 말해줄 누군가를 기다리고 있는지도 모르겠다. 경험도, 돈도 그만하면 됐으니 단 하루라도 죄책감 없이 잘 수 있는 '이곳'으로 돌아오라고 말해줄 누군가를 말이다.

가을을 담은 카페, The Barn

The Barn은 흘러나오는 노래도 키보드를 두들기는 사람도 없는, 온전히 커피만을 즐길 수 있는 카페다. 이곳은 커피 향기에 이끌려 발걸음을 재촉하게 된다. 카페를 감도는 커피 향에도 리듬이 느껴진다. 음악이 없는 The Barn에서는 커피 향이 선율처럼 흐른다.

베를린에는 한국인에게 유독 유명한 카페가 몇 있는데 The Barn도 그중 하나다. 여행자들이 즐겨 찾는다는 곳이라 잘 가지 않다가 알고 지낸 지 꽤 많은 시간이 지난 어느 가을 날 이곳을 찾았다. 원목으로 된 테이블과 쌓여있는 원두의 풍경이 가을과 잘 어울리는 곳이라는 생각이 들어서였다.

2010년 6월 오픈한 The Barn은 세상에서 최고의 커피를 볶고 싶다는 그들의 철학처럼, 그들은 직접 고른 아라비카 원두만을 사용해 신선하고 질 좋은 커피를 만들어내는 것이 카페의 가치를 높이는 일이라고 믿고 있다.
주문과 동시에 바리스타가 내려주는 신선한 드립 커피와 더불어 커피를 내리는 동안에 바리스타에게 커피에 대한 이야기도 들을 수 있으니 커피와 풍경을 즐기고 싶을 때 찾는 최고의 장소가 되었다.

지루할 틈 없는

축제의 도시,

베를린

시위대와 경찰이 대치 중인 모습만 떠올린다면 베를린의 노동절을 제대로 이해하기 힘들다. 이곳의 노동절은 크게 두 장소에서 진행이 되는데 베를린 통일의 상징인 브란덴부어거 토어 Brandenburger Tor 앞 광장과 베를린의 홍대로 알려진 크로이츠베르크 Kreuzberg가 그곳이다.

브란덴부어거 토어에서는 노조별로 설치된 부스에서 성명을 발표하거나 노조 조합원들이 직접 공연을 하기도 하고 한쪽에는 아이들을 위한 부스가 마련된다. 광화문에서 열리는 박람회 같은 분위기랄까. 만일 색다른 진짜 베를린의 노동절을 보고 싶다면 향해야 할 곳은 크로이츠베르크이다. 노동절에는 크로이츠베르크의 중심인 Kottbusser Tor 일대에 교통이 통제된다. 이른 아침은 아니더라도 정오에는 출발해야 축제장으로 향하는 전철에서의 러시아워를 피할 수 있다.

크로이츠베르크에서 열리는 노동절 행사를 베를린에서는 MYFEST라고 부른다. 5월을 뜻하는 독일어 Mai와 발음이 같은 My를 축제의 이름으로 정한 것인데, 노동절 시위의 폭력성을 완화하기 위해서라고 한다. 축제가 열리는 거리 일

대에는 무대가 설치되어 있고 레게, 헤비메탈, 락, 재즈, 힙합, 비보잉, 마술 등 다양한 공연이 펼쳐진다. 어느 곳을 가든 몸을 흔들며 음악을 즐길 수 있다.

하지만 MYFEST는 축제에만 머무르는 것이 아니므로 분위기가 무르익을 무렵 경찰의 통제가 시작되며, 저녁에는 본격적인 시위가 진행된다.

5월, 크로이츠베르크에서 즐길 수 있는 또 하나의 축제가 있다. Kanevel der Kultur라는 이름의 축제는 세계 각국의 문화를 경험할 수 있는 문화축제로, 특히 축제의 마지막 날에 진행되는 퍼레이드가 하이라이트라고 할 수 있다. Hermannplatz에서부터 Möckernstraße까지 이어지는 퍼레이드는 각국을 대표하는 퍼포먼스로 이루어져 있으며 낮 12시 30분부터 진행되어 자정까지 끝날 줄을 모른다. 각국의 전통 퍼포먼스로 시작되었던 퍼레이드는 해가 저물면 어느새 콘서트의 현장이 된다. 베를린의 진짜 매력이 이제 막 시작된 듯하다.

베를린 다이어리

비가 잘 오지 않는 봄 또는 여름에 비가 내리면 나는 우산을 챙겨 들고 Ocelot으로 향한다. 창밖에서는 투둑투둑 싫지 않은 빗소리가 들려오고, 은은하게 커피 향이 감돈다. 시간도 잠시 비를 피해 머물다 갈 것 같은 Ocelot에서는 나의 하루를 책에 둘러싸여 보낼 수 있었다. 'not just another bookstore'라는 말이 단순히 수사가 아니라는 것에 고개를 끄덕인다.

규모가 그리 큰 편은 아니지만 오랜 시간 머물러도 전혀 눈치 주지 않는 곳, 한국인에게 유명한 몇몇 서점과는 달리 장르 서적을 판매하기 때문인지 관광객은 좀처럼 보기 힘들다. 나는 주로 '어린이 책' 코너에 자리를 잡는데 마음에 드는 그림책을 골라 떠듬떠듬 읽어나가다 보면 한 시간은 훌쩍 지나가곤 했다.

서점을 나서려는 나의 발목을 붙잡는 건 언제나 커피였다. 다 읽지 못한 책을 다시 한번 펼쳐 들게 하는 이 공간 때문에 나는 이곳을 찾는지도 모르겠다고 생각했다. 통유리 너머 비에 젖은 베를린을 바라보며 나도 천천히 감성에 젖어 들었다.

커피 향
가득한
서점

Ocelot
에서

에
필
로
그

고요한 아침을 깨우는 소리에 인상을 찌푸리며 아침을 맞이한다. 창밖에 지저귀는 새소리가 알람을 대신한다. 굳이 알람을 맞추지 않아도 되는 하루, 어느 것 하나 당연하지 않은 이곳에서 당연한 일상을 보낸 지도 2년이라는 시간이 지났다.

끝이 항상 무언가의 새로운 시작을 의미하는 것은 아니다. 끝은 끝이다. 여행의 끝에서 할 수 있는 일은 새로운 여행을 떠나는 것이 아니라 지나온 시간을 되돌아보는 일뿐이다.
베를린의 추억에 젖은 글이 아니라 흘러가는 시간 속에서 있는 그대로의 감정을 남기고 싶었다. 여전히 느린 관공서의 업무속도와 싸우면서, 며칠에 걸쳐 전철로 이삿짐을 나르면서, 베를린 이후의 삶에 대한 막막함도 간직한 채 나의 베를린을 전하고 싶었다. 당장 눈앞의 따듯한 와인 한 잔도 머릿속 계산기를 두들겨야 하고, 차비가 아까워 몇 시간을 걸어 다녔으면서 SNS용 사진첩과 같은 이야기만 하고 싶지는 않았다. 서른을 이곳에서 맞은 스물아홉의 내가 느낀 모든 불안함과 두려움, 그러면서도 비 내린 반짝거리는 도로 위를 걸으며 느꼈던 설렘과 위안을 모두 이야기하고 싶었다.

그러면서도 이 기록의 끝에서 하고 싶었던 말은 이 모든 감정은 내가 이곳, 베를린에 있으므로 느낄 수 있었다는 점이다. 베를린에서의 생활이 보이는 것만큼 화려하지도, 여유 있지도 않지만, 이 선택을 절대 후회하지는 않을 것이라는 점이다. 아무것도 확실하지 않은 인생에서 단 하나 '나도 언젠가 죽는다.'는 분명한 사실 때문에 선택했던 베를린.

돌아갈 비행기 티켓은 아직 없지만 2년이라는 시간의 끝에서 나의 베를린을 되돌아본다.

행복을 느끼는 일상의 속도
베를린 다이어리

펴낸날	초판1쇄 인쇄 2017년 04월 13일
	초판1쇄 발행 2017년 04월 19일
지은이	이미화
펴낸이	최병윤
펴낸곳	알비
출판등록	2013년 7월 24일 제315-2013-000042호
주소	서울시 마포구 동교로 18길 33, 202호
전화	02-334-4045
팩스	02-334-4046
이메일	sbdori@naver.com
종이	일문지업
인쇄.제본	알래스카 인디고

ⓒ이미화
ISBN   979-11-86173-37-4 13980
가격   13,000원

「이 도서의 국립중앙도서관 출판예정도서목록(CIP)은 서지정보유통지원시스템 홈페이지(http://seoji.nl.go.kr)와 국가자료공동목록시스템(http://www.nl.go.kr/kolisnet)에서 이용하실 수 있습니다.(CIP제어번호: CIP2017008828)」

잘못 만들어진 책은 구입하신 서점에서 바꾸어 드립니다.
알비는 리얼북스의 문학, 에세이, 대중예술 브랜드입니다.
독자 여러분의 소중한 원고를 기다립니다(sbdori@naver.com).